从容养育

成长自我，成就孩子

罗罗 著

中国妇女出版社

图书在版编目（CIP）数据

从容养育：成长自我，成就孩子 / 罗罗著. -- 北京：中国妇女出版社，2018.5
ISBN 978-7-5127-1548-6

Ⅰ.①从… Ⅱ.①罗… Ⅲ.①家庭教育 Ⅳ.①G78

中国版本图书馆CIP数据核字（2017）第277968号

从容养育——成长自我，成就孩子

作　　者：罗　罗　著
责任编辑：肖玲玲
封面设计：尚世视觉
责任印制：王卫东
出版发行：中国妇女出版社
地　　址：北京市东城区史家胡同甲24号　　邮政编码：100010
电　　话：（010）65133160（发行部）　　65133161（邮购）
网　　址：www.womenbooks.cn
法律顾问：北京市道可特律师事务所
经　　销：各地新华书店
印　　刷：北京中科印刷有限公司
开　　本：165×235　1/16
印　　张：15.75
字　　数：194千字
版　　次：2018年5月第1版
印　　次：2018年6月第3次
书　　号：ISBN 978-7-5127-1548-6
定　　价：48.00元

推荐序 —— *Preface*

在草长莺飞的四月，罗罗把她即将出版的书稿发给我，希望我能够从心理学专业的角度提提意见、把把关。细读书稿时，我发现这真是一种精神享受，如同春日午后品味一杯清香咖啡，有浓浓的生活味道和淡淡的诗意。

罗罗是中国科学院心理研究所的研究生课程班学员，虽然我们未曾谋面，不过，她的微信公众号“六妈罗罗”我早已熟悉，因为身边不少妈妈学员都曾经向我推荐过这个粉丝百万的公众号。罗罗的学习精神令人叹服：她在两年多时间里一边养育孩子，一边撰写文章分享育儿心得，而且还努力学习系统的心理学知识。她的书稿是积累的文章编辑而成，每篇文章都是生活故事，朴实得如同一位老朋友在聊天，但讲的道理又都有心理学理论支撑，有着将所学知识内化后的思考和表达，可谓深入浅出。作为中国科学院心理研究所的老师，我为心理所能够培养出这样的学生感到骄傲。

这本书对于刚做妈妈的读者来讲，可谓一份珍贵的礼物，因为罗罗就像一位经验丰富的大姐姐娓娓道来养育孩子的方方面面。包括：在保护孩子天性的同时如何给孩子制定规则，如何培养出安全的依恋为孩子打造一个温馨的安全基地，如何培养孩子的自主性和社会适应能力，如何培养孩子的学习兴趣和学习力，如何培养孩子的情绪管理能力，等等。另外，罗罗还会告诉大家，夫妻关系和温馨的家庭氛围对孩子成长的重要性，养育孩子的同时，我们自己也需要成长，孩子是我们成长的老师。

罗罗之所以能够写出这样的文字，不是因为她写作水平多高，而是因为她非常真诚地在跟读者分享自己的生活，同时她把知识内化后用一种朴实无华的语言分享给了读者。周末有很多像罗罗一样的妈妈到中科院心理所学习心理学，但能够像罗罗这样把心理学科普给大众的学员凤毛麟角。中科院院长白春礼院士强调，科研人员要插上科研与科普一对翅膀，遗憾的是，很少有专家真的能够做好科普。罗罗把心理学科普做得很好，是因为有真心真意的爱，对孩子的爱，对读者的爱，让她持之以恒地学习，不断向读者分享心得体会。

罗罗的真情实感值得信任，她作为妈妈的学习精神值得学习，她在书中提出的很多操作性建议值得实践。我想，广大读者，特别是刚升级为爸爸妈妈的读者，一定能够感受到这份真诚，此书也一定能够帮助读者从从容容地养育孩子。

祝卓宏

2018年初春于北京无忧岛

自序 —— *Preface*

我们的孩子生在一个衣食无忧的时代，按理说，我们这一代家长养育孩子应该感觉更轻松才对，但实际情况却是家长们都陷入了集体焦虑：

“孩子不好好吃饭，怎么办？”

“孩子睡眠时间不够不长个儿，怎么办？”

“孩子快上小学了，还不太喜欢看书，怎么办？”

“给孩子报了兴趣班他都不上，怎么办？”

从孩子出生起，家长们头上的问号就没停过。怎么办——想办法——解决问题，这叫思考；怎么办——不知道——光着急，这叫焦虑。

如今，社会竞争压力大，精英培养口号响，许多家长不自觉地将对孩子的期待形成了压力，可很多时候压力又没能成功转化为推动力，于是都变成了焦虑。

而在“集体焦虑症”蔓延的情况下，我在养育孩子时的方法似乎成了“另类”：鲜少焦虑，从容当妈。或许是从平时的生活记录中大家也感受到了我的养育态度，总有“六妈罗罗”公号读者在后台问我，如何才能够缓解焦虑，从容做爸妈。于是我从各个角度、各个方面一点点写下了几百篇原创文章，这才有了一次次的分享，最终又有了这本书。

在这本书里，我将大家高频率问到我的育儿话题（这些话题也常常是家长们焦虑之源）分成了以下几类：亲子关系、性格塑造、情绪管理、规则建立、社会能力培养、学习力养成以及父母自我成长等，并通过自己的育儿经历，以及几年来自己在这方面所做的反思和探索，一一与大家分享。

关于从容养育，我还想与大家分享三点感受：

从容养育体现的是父母的价值观。我妈妈在养育我和弟弟的过程中，从不强迫和专制，而是根据我和弟弟的性格特点设计合理的目标，培养我们的学习习惯、学习能力以及各种社会能力。这种“先成人再成材”的教育理念对我影响很深。后来我也成了妈妈，对女儿不宠溺、不严苛，给她合理的期待和有界限的爱，希望她尊崇自己内心、自然健康地成长。

从容养育也是父母提前做足功课后的自信体现。更多的知识积累是从容淡定的前提，心里有底了才能做到不焦虑。从得知小生命在身体里孕育的那一刻起，我就开始学习科学育儿知识，接下来几年还不停奔波在去往中科院儿童心理学课程班的路上，这些学习都让我有了十足的底气。建立在了解儿童心理和儿童发展规律这些科学知识的基础上，才是真正立得住的从容。

从容养育并不是一切无所谓的佛系养娃。从容是一种方式，养育才是核心。从容不代表放手不管，更不等同于对自己、对孩子零要求。我妈妈就是一个很自律的人，在她的教育下我形成了较真儿并且坚毅的性格，在学习上，我沉得下心，在做事上，我精益求精，这些反倒更促成了我的从容。

两年多来，“六妈罗罗”公号读者有些称我是专家，有些称我是大V，可我觉得，我只是百万妈妈未曾谋面的朋友而已。在公号中，在这本书里，我将自己在育儿路上遇到过的事儿、踩过的坑都讲给大家听，期待与大家一起探讨，携手同行。

其实这本书从决定出版到现在已经快一年时间。因为公号文字分享是思考后的快速写作，很多时候缺少推敲，能够被大家认可，只是因为内容真实诚恳有参考价值，但要集结成书，远远达不到我的心理期望。于是，我花了大量时间，数次调整入选文章，一遍遍修改润色文字，直到这本书能够打动我自己才同意印刷。就算书做不到所有人眼中的完美，我也要尽最大努力做到精益求精，因为读者的支持和信任不可辜负。

感谢中国妇女出版社在这个追求效率的年代愿意停下来等我，接受我对纸张和印刷方式上的要求，接受我在图片和文字上的调整。

最后，要感谢亲爱的读者朋友们，愿我们一起从容地成为更好的爸爸妈妈。

罗罗

2018年4月

目录 —— *Contents*

Chapter 1

有度有爱，才是爱孩子更好的方式

Chapter 2

安全感：温暖孩子的所有时光

Chapter 3

给孩子立规矩：有规矩才有真正的自由

Chapter 4

培养社会能力：懂得放手才是更好的爱护

Chapter 5

学习力养成：给孩子最好的方法

Chapter 6

情绪管理：与孩子共修的一门课

Chapter 7

夫妻关系：最好的教育是爸爸爱妈妈

Chapter 8

育儿路上，请先成长自己

附　录

Chapter 1

有度有爱，才是爱孩子更好的方式

母爱，得体的进退比亲密无间更重要

> 孩子有着自己的思想和灵魂，
> 他们会飞得比我们所能看到、想到的更高、更远。

一次，我去日本参加玩具展，展会结束后和朋友从富士山一路游玩到箱根，这是我自打怀孕之后第一次独自与朋友一起旅行。虽然旅途中因为不需要考虑六六而更自由，但在安排得满满当当的旅行间隙中，我也时不时会想起六六来。

换成几年前，我可能会因为舍不得六六而打消独自出行的念头。可是，当我这几年间一次次因为出差而离开她独自远行，我和六六彼此间的状态并没有受到影响，甚至各自有更多的收获，我也因此慢慢地从最初的纠结变成了如今的坦然。在这一次次的行走中，我也总算明白：其实并不是孩子离不开父母，而是父母离不开孩子。

“所谓的父女母子一场，只不过意味着，你和他的缘分就是今生今世不断地在目送他的背影渐行渐远。你站立在小路的这一端，看着他逐渐消失在小路转弯的地方，而且，他用背影默默告诉你：不必追。”这是龙应台《目送》中的一段话，有些心酸，却又无奈。我读到的时候，心里也像是被什么撞击了一下，闷闷地颤动，酸涩难耐。

母爱是一种很神奇的感情，母子之间的关系是从最亲密的姿态开始的，最后却都慢慢走向分离。

怀胎十月，从脐带相连欣喜地感受他一点点长大，到最后以疼痛为力量送他来到这个世界。

母乳喂养，从每一次低头看他用力吮吸的幸福，到最后在彼此的接受中逐渐离乳。

小时候他喜欢缠着你、在你怀里腻歪，长大后，却欣喜地脱离你的怀抱去探索自己的世界。

……

这样的分离其实一直出现在我们的关系当中，但这种分离并不代表不再爱。因为母爱并不是对孩子的占有，而是一场得体的进退。

当孩子年幼需要我们百般呵护的时候，我们需要全情“进”入孩子的世界，我们或许要暂时摒弃我们的一些兴趣，花费更多的时间陪伴他。看他在那边挖沙玩土，看他在广场上来回奔跑；为他花费数小时精心烹制一碗可口的饭菜，为他不断重复地读着一本浅显易懂的绘本。

但是，随着孩子的成长，学会“退”也变得日趋重要。我曾经看过一句话，并一直深以为然——检验一位母亲是否真正具备爱的能力，就看她是否愿意跟孩子分离，并且在分离后继续深爱着。

大学舍友A是一位乖巧的女生，只有为数不多的几位朋友才知道她有多叛逆。家里就她一个孩子，妈妈特别宠爱她，对她的事情大包大揽，处处都不放心。都上初中了，她下楼倒个垃圾妈妈都要跟着。上大学后，妈妈再三跟她强调谈恋爱要和妈妈商量，每天都往宿舍打电话询问她当天生活情况。后来这个女孩恋爱了，是异地恋。有一次，一直被妈妈远程监控的她，恶作剧般想要在妈妈的控制中消失一次，悄悄地跑到男孩所在的城市，和男孩一起去深山户外徒步。她妈妈联系不上她只能不停地找我们。

那一晚，宿舍电话被打爆了，她妈妈几近崩溃。好在第三天女孩安全回到学校和妈妈联系上了。

我不想评价他人的教养方法，只是觉得母亲的爱应该是有分寸的，不要处处插手孩子自己的事，别等他长大了，你才后悔现在管得太多。在适当的时候，妈妈需要学习“退”，让自己对孩子生活的参与度、控制欲逐渐减少，让孩子在自己的生活里学习独立。如果管得太多，孩子很容易像我的大学舍友A那样变得叛逆。幸亏A认识的那个男孩是个单纯的大学生，没有发生悲剧，不然她乃至她的家庭都将天崩地裂。

或许很多父母都有过这样的想法：我要替孩子决定一切，照看好一切，不让孩子受到一点儿伤害，让他茁壮成长。很多时候，这其实都是控制欲在作祟。

六六上幼儿园后，一次回家后突然要求锁起门来自己玩儿。

我很诧异，问她：“为什么？”

她煞有介事地说：“我想自己玩儿。”

我再次确认：“你不需要妈妈陪吗？”

六六有些犹豫，却依旧坚定：“我自己玩儿半小时，然后你来敲门叫我。”

六六跟我提这个要求的时候，最开始我心里还挺不是滋味，一方面怕她自己独处会有危险，另一方面觉得她有了自己的小心思，而我却不知道。

但思忖过后，我还是满足了她的要求，只是先检查了屋子里的安全隐患，备好钥匙，又教会她怎么开门，然后和她约定了时间，便让她自己独自玩儿了。

半小时过去之后，六六神色如常地出来跟我拥抱，我也轻松地笑了。

在她眼里，这似乎就是自然而然的事情，她或许永远也不知道，这个变化，对妈妈来说有多重要。

我们总是想做一个好妈妈，似乎与孩子亲密无间才能证明自己很成功、很幸福。我们也总是觉得孩子还小，他什么都不懂，什么都不会，所以我们帮他选择，帮他做决定，避免他受伤害。但就是在我们一次次的干预下，孩子失去了培养判断能力的机会，失去了对外界事物的兴趣。也许，我们在对身边那个安静乖巧的孩子感到欣慰之时，却忘了去了解他的内心。

要知道，有些事一定要孩子自己去尝试，哪怕是错，他亦能从中获得经验，这是成长必经之路。

爱孩子，不是占有，也不是控制。孩子只是借助了我们的力量而来到这个世界，可他并不属于我们。孩子有着自己的思想和灵魂，他们会飞得比我们所能看到、想到的更高、更远。作为父母，我们始终要提醒自己，得体进退能成就一个有自由独立思想又与我们有着适当亲密度的孩子，这远比我们一直将孩子拴在身边而失去自由翱翔能力更有意义。

▸▸有些事一定要孩子自己去尝试，哪怕是错，他（她）亦能从中获得经验，这是成长必经之路。

散养孩子并不意味着放任

爱孩子，自然要给他合理的、适度的自由，
但同时更要教会他有教养、懂得规则。

和闺密一起喝下午茶，聊起她刚刚读小学二年级的儿子，她感慨良多。在我的闺密圈中，她一直是“快乐教育”最坚定的推崇者，也许是因为她小时候被家长逼着学古筝的缘故吧。

“爱他就给他自由”，在这样一个看上去既潮流又西化的育儿观下，闺密坚决反对一切形式的早教，反对上各种兴趣班，提倡散养，坚持让儿子的童年必须以玩儿为主。

说起来，按闺密的理想状态走下去，孩子原本应该是最快乐、最没压力的。可是当儿子上了幼儿园中班之后，闺密很快发现了问题。虽然儿子喜欢自主探索，创造性、独立性也很强，但放学后出去玩儿时却遇不到能顺利沟通的小伙伴。因为同龄的小伙伴们大多都有着自己课外的兴趣班，在一起玩儿的时候经常会得意扬扬地分享自己学钢琴、学跆拳道等有意思的事情，可这一切对于闺密的儿子来说都是陌生的，他站在一旁插不进话，闷闷不乐。

敏锐地发现状况后，闺密态度温和地与儿子沟通，得知儿子也想报些课外兴趣班，就让儿子根据自己的爱好也选了几个。可报了兴趣班后没多久，儿子居然陆陆续续地表示都不想学了，说兴趣班里的老师束缚太多，不习惯。

而闺密也没有强迫儿子，既然是快乐教育，不想学就不学了，高兴就好。

这种状态应该是散养的理想状态了吧？闺密遵从了儿子的选择，儿子也遵从了自己内心的选择，按闺密心里的“快乐教育”理念来说，这应该能培养出一个既快乐又开朗的孩子。可是事实恰恰相反，这种所谓“快乐教育”的弊端在孩子上小学后就开始以猝不及防的态势排山倒海袭来。由于孩子的小学同班同学都各有特长，并且很早就储备了很多学科知识，不管是古诗词、英语还是数学，他们大多通过报课外班学了不少，所以上课不费力，学习成绩很好，常常被老师夸赞。相比之下，闺密的儿子因为从没提前学过知识，在班里成绩很一般，动手能力和思维能力也未见出色，再加上老师和同学的冷落，孩子的自信心遭遇了前所未有的打击。孩子开始问妈妈：“你为什么不让我小时候多学点儿东西呢？”

更让闺密意想不到的是，儿子在长期散养和随意的环境下，性格上也出现了唯我独尊、自由散漫的苗头。他习惯了从自己的内心想法出发，不懂得体恤他人，也不喜欢被人管教，想做什么就立刻去做。这时，闺密才终于对自己一直奉行的“快乐教育”产生了深深的质疑。

她问我：“是我错了吗？”我看着她既挫败又失望的表情，什么话也没说出来。

其实在我看来，散养是很主观的概念，什么叫散？度在哪里？比如我对六六，我爱她，也愿意给她自由，但是这并不等于我就要放任她。在我看来，道理很简单，老祖宗说过了：没有规矩不成方圆。

六六吃饭，她想吃就吃，不想吃就不吃，这是“散”；但她必须坐在餐椅上，离开了餐椅，这顿饭就结束了，没吃饱的话只能饿着肚子等下顿饭，这是规矩。开车带她出去玩儿，目的地是哪儿她可以说了算，这是“散”；但路上必须坐安全座椅，这是规矩。我能保证自己开车稳，但是我不能确保别人驾驶不出问题，万一意外追尾，就有可能对孩子造成伤害。

而从孩子的心理发展规律来看，他们小的时候是没有太多自律性的，既容易对一件事情产生兴趣，也很容易放弃。在这期间，如果家长没有引导好，就会让孩子养成不好的习惯，遇事容易放弃，不懂得坚持。

长此以往，他们对结果没有期待，对过程又没有享受，只能在家长的“快乐教育”里变成一个平庸的人。家长是省事了，但孩子呢，他真的快乐吗？

六六上的幼儿园里有一个“小霸王”，基本上就是家里散养长大的，在家里想吃就吃，想玩儿就玩儿，奶奶拿着饭碗等他愿意张嘴了就喂一口。上了幼儿园，等到要吃饭了，他总是到处跑不好好吃；该睡觉了，他又跑去掀别的小朋友的被子，自己再哈哈大笑跑开。老师向家长反映，家长却觉得老师管得太多了，说老师“违背孩子个性发展规律”。

家长却似乎从没想过，这样任由孩子影响他人，是把自己的“快乐”建立在给别人造成的困扰之上。

这种散养究竟是爱孩子还是害孩子呢？如果任孩子自由发展，在他方向走偏的时候仍然想着让孩子个性释放，不做引导，孩子因此慢慢变得自私、霸道、任性，无视纪律，无视社会规则，那么孩子以后走上社会怎么生存？这个世界是有规则的，不适应规则的人就不能很好地适应社会，小时候对孩子那么娇惯，长大后他独断专行，这些都不是我们希望看到的。

我们小时候都听过园丁与树苗的比喻，树苗若不修剪，任其自由生长，它们就难以长成参天大树。这个简单的例子，放在什么时候都不过时。

在我看来，散养的精髓是“形散而神不散”。看上去，方法粗放随意，尊重孩子发展规律，可它有自己内在的一套章法，这章法就是规矩。

- 我可以不去过度在乎结果，但是一定会重视学习的过程。比如我不要求六六在学习某种技能时一定要考级或比赛获奖，但是希望她从坚持中体会到学习的乐趣。

- 犯错了，家长必须提醒纠正。孩子小时候对很多事情都是懵懂的，如果犯错了不纠正，很容易变得对此事习以为常，不觉得自己有错。

- 让孩子学会承担自己行事的后果。比如他想玩泥巴，这没问题，但是如果因为玩泥巴而耽误了和小朋友约好的聚会，那么他只能自己承担后果，家长没有办法为他补救。

- 要教孩子尊重他人，懂得基本礼仪。可以让孩子做自己，但前提是不影响别人。如果孩子想要的快乐已经造成了他人的不方便，或是违背了社会的基本礼仪，那这样的自由没法给。

快乐并不是简单地玩闹。做成一件事情之后的成就感是快乐，自己的努力和收获被他人认可也是快乐，这样的快乐难道不是更有意义吗？

我对自己很随性，对六六也是，世俗意义上的“功成名就”并不是我对她的期许，但是我希望她拥有一种学习能力，对新鲜事物永远保持兴趣，愿意在未知领域探索。而这些都是需要引导和学习的，孩子不会天生就拥有这种能力。

六六小时候喜欢玩拼图，刚开始玩的时候她不会拼，总拼不对的时候就生气地把拼图扔得到处都是。我理解并接纳了她的挫败感，带着她认真地一点一点去学习，教她细心观察，教她拼图技巧，教她去慢慢尝试。最后，六六的拼图技巧突飞猛进。现在，一幅复杂的拼图摆在我们面前，她能比我更快地拼完，并且极其享受这个过程。你能说，她在这样的学习中不快乐吗?

学会拼图只是件小事，我更在意的，是六六在其中学会了遇到问题解决问题的方法。

我一直认为，对于一件事情感兴趣并不难，难的是如何学会坚持，学会在有困难的时候仍然能够信心坚定地找到解决方案。在通过自己努力得到收获的时候，那种发自内心的喜悦和自信才是孩子最快乐的时刻。

这个世界很大，将来有很多奇妙的事情在等着孩子去体会、去创造。我们希望孩子长大后是一个快乐的人，有着丰富的内心，有着良好的品质。但我们千万别将自己彻底放手的懒惰说成是散养的方式。在孩子尝试去探索世界时，放手让孩子去做，不要因为自己的主观感受而限制孩子发展。与此同时，父母也不能失职，该给孩子立规矩的时候应该坚定地去立规矩。

爱孩子，自然要给他合理的、适度的自由，但同时更要教会他有教养、懂得规则，并且拥有适应这个世界的技能。这才不枉我们相互陪伴与影响，共同走过这一程。

教养就是让别人舒服，自己也不憋屈

> 一个人有教养，最好的表现是懂得尊重他人，
> 无论什么时候，都能保持真诚微笑，
> 用语言传递善意，同时自己也不憋屈。

定义教养，不同的人或许会有不同的见解。在我看来，一个人是否有教养主要体现在一些细节上。比如，吃饭不要吧嗒嘴儿，不乱翻菜盘，注意餐桌礼仪，和人说话平视对方眼睛，与人交流不要尖酸刻薄，等等。

说到底，“有教养”就是言行会让对方觉得舒服。

或许有人会说：我为人就是这样随性，耿直，爱讲实话。但是，耿直不代表可以没有分寸，随性不代表可以口无遮拦。不懂得尊重别人，其实就是没有教养的表现。

有一次，我们在一家自助餐厅吃饭，不远处是一家三口，穿着打扮都很体面，3岁多的小女孩皮肤白白嫩嫩，极为可爱。家长拿了很多食物，堆得桌子上满满当当。小女孩坐在餐椅上，这个不想吃，那个也不要，没一会儿工夫，把跟前的食物扔得满地都是。

旁边的服务员看着满地狼藉，过来说：“您好，我来清理一下，好吗？免得你们踩到了。”那位爸爸看都不看服务员一眼，很冷淡地从嘴里蹦出俩字：“扫吧！”

等服务员清理完地面后，那位爸爸把她叫住，指了指桌上几大盘没怎么吃的食物说：“把这些不吃的都给收了。”服务员看了看，那堆不要的食物足够两三个成年人吃了，迟疑了一下，说：“先生，餐厅有规定，您这浪费得太多了，可以少量取用，多取几次。”

结果，那位爸爸一下子怒了：“我花这么多钱吃自助餐，爱取多少关你什么事？”服务员没有吭声，那位爸爸还是不依不饶：“你一个服务员算什么东西，管得了我吗？”“你们这里是什么服务，顾客是上帝，不懂吗？”

……

场面很尴尬，服务员一直低着头，那位爸爸骂骂咧咧，引起了不少人的关注，最后是餐厅经理过来协调才终止了这场小风波。

出门的时候，我们跟刚刚那个骂骂咧咧的爸爸前后脚去停车场，他在停车场遇到了熟人，相谈甚欢，爽朗大方，很难想象刚才在餐厅指着服务员破口大骂的人和他是同一个人。看他的穿着打扮，家庭的经济条件应该还不错，可是当时在场的人应该都看法一致：他很没教养！

服务员为他服务的时候，他趾高气扬，连一声最起码的“谢谢”都吝于表达。和服务员交流的时候，他居高临下，尖酸刻薄。

而有教养的人对待他人，无论对方身份贵贱，都能保持基本礼仪和尊重。得到别人帮助要真诚道谢，打扰别人要主动表示歉意。

一次，我在酒店和几位朋友谈事，因为时间紧张，我们都没顾得上外出吃午饭，于是叫了外卖在房间边吃边谈。

吃完后一行人急着退房去机场，各自收拾东西。其中一位女孩却在收拾我们吃完的餐盒。一位朋友说：“你别收了，等退房后服务员会收拾的。”

那位女孩淡淡笑了笑："没关系，我顺手收一下，很快的。"说完不声不响、手脚麻利地把桌面整理干净了。

那个女孩的言行给我留下了很深的印象。我跟她相识有一段时间了，感觉她一直是个衣着朴素、言谈低调的人，也没有大的闪光点。但那一次的细节，却让我觉得她是一个很有教养的人。

住酒店退房之前收拾房间，于很多人而言是可做可不做的事情，我也一样。那次之后，我每次退房之前都会抽出几分钟时间，尽可能地把房间整理一下。

虽然，我与收拾房间的保洁人员并不相识，多做这么点儿事情也许并不能引起她的注意，并且这辈子都不太可能与之再见面，但是，在他人看不见的地方仍然保持得体的言行，于我而言，是一件让我心安的事情。

很多人在公众场合下都是风度翩翩，接人待物进退有度。可是，在他人看不见的地方，是否还能坚守同样的价值观呢?

我从小就一直觉得，被人斥为"没教养"是一件很难堪的事情。在养育六六的过程中，我对六六性格、品质的关注远远超过对她能力的培养。

先做人，再成材。培养孩子的品质，在我心里是优先级。

六六小时候是个内向敏感的孩子，有时候见陌生人会完全沉默。曾经有人提醒我，要让六六热情起来，见面要跟人打招呼，否则显得没有礼貌，没有教养。然而在我看来，那只是不同性格的孩子的不同表现，和教养没有关系。

那小孩子该有的教养是什么?

我认为，这种教养体现在餐厅吃饭时对服务员叔叔阿姨们提供的服务和帮助真诚地说声"谢谢"；体现在吃东西打开包装时撕下来的那一角，因为找不到垃圾桶都能攥两个小时拿回家里；体现在坐飞机上几个小时已经烦躁了想闹，却因为怕打扰别人而小声跟父母说话；体现在跟着父母去贫困村体验生活，进到土茅厕虽然会害怕掉进大坑里，但依然平常心，不会嫌这嫌那；体现在对老师讲的话有不同意见，但也只是平静表达而非大声顶撞；体现在去别人家做客，不小心把水洒在地上，第一时间主动地说“对不起”……

所以，在我看来，教养就是让别人舒服，自己也不憋屈。这些小事是每个孩子都可以做到的。有教养，是最没有门槛的一种美誉。但为什么我们身边总会有那么多没教养的“熊孩子”呢？

其实，真的不怪孩子，很多问题都出在家长那里。

我带六六去北欧旅行时，和六六的小晖姨住一起。为了在住民宿的时候自己有时间写稿，我就开玩笑说小晖姨是女仆，会陪着孩子们玩儿，让两个“公主”肆无忌惮地“虐待”她。结果，两个原本特别乖巧的小姑娘，见了小晖姨就举起魔法棒把她变青蛙、变土豆泥。直到在北京机场分开，六六明明很舍不得小晖姨，却不会正确地表达情感，还是举着魔法棒开玩笑要把小晖姨变来变去。

到那时我才发现自己做错了。六六和小晖姨是初次见面，我却让她把欺负人当成了交往中的主旋律，导致她面对小晖姨就表达不出自己原本应该有的善意。

这件事情让我触动很大，因为小晖跟我们很熟悉，知道真正的六六是什么样的，所以她不会计较。可要是放在陌生人眼里，六六那样与人相处，完全就是没教养、没规矩。但这件事情不怪孩子，而要怪家长，家长告诉她可以怎样，孩子接受的就是怎样的行事准则。

现在有各种各样的“熊孩子”存在，不愿意排队的、抢别人玩具的、对服务人员颐指气使的，等等，也许都因为在他们的意识中，只要家长允许的，那就没有错。所以，如果不想带出没教养的“熊孩子”，就需要父母留心生活中的点点滴滴，从约束自己的言行做起。

教养常常体现在很小的事情上，你在这些事情上的细微表现无时无刻不在告诉别人，你的家教、人品、性格、价值观是什么样的。前面故事中的两个人，一个是虽然一身名牌却粗鲁无礼的爸爸，另一个是低调却得体善良的姑娘，你会希望孩子成为哪一种人呢？

一个人有教养，最好的表现是懂得尊重他人，无论什么时候，都能保持真诚微笑，用语言传递善意，用行为让对方舒服，而同时自己也不憋屈，这就是我理解的教养。

六六小时候是个内向敏感的孩子，有时候见陌生人会完全沉默，但我并没有刻意让她跟人打招呼。

妈妈的格局决定孩子的走向

> 父母有正确的三观，有大的格局，
> 也许会比择校报班更能给予孩子成长的助力，
> 让孩子活出不一样的精彩。

格局这事，说大也大，说小也小。

我带六六在小区里玩儿的时候曾经目睹一场争吵：小区花园里有两架秋千，小朋友们都很喜欢在上面荡来荡去，可有的时候“僧多粥少”，就只能靠排队玩儿了。一般来说，家长和小朋友都会遵守排队的规则，那天的纷争的确起得有些没道理。

先来的小朋友A好不容易等着轮到自己玩儿了，他高兴地在上边荡着。没过两分钟，另外一个家长带着小朋友B过来了。小朋友B来的时候情绪有些不对头，看到两架秋千上都有人，就爆发似的大声冲他妈妈嚷嚷：“我要荡秋千！”

她妈妈看了看两架秋千上的人，选择了看起来稍微大点儿的小朋友A商量：“你能让给小弟弟玩儿吗？”A犹豫了一下，摇了摇头。在一旁的A妈妈只是看着A，没有表态。

这时候小朋友B一看不能玩儿秋千，就开始大吵大闹，B妈妈一边哄着一边夹枪带棒地说：“怎么回事？说让给小弟弟玩儿都不可以，这么小气！你们这都荡了老半天了。”

似乎是被妈妈话语中的意思所鼓励，还在哭闹的B直接冲过去，抓住秋千的铁链，冲着A喊道："你应该让给我玩儿！"小朋友A怕撞到B，只好在妈妈的帮助下从秋千上下来了。B赶紧坐了上去得意扬扬地开始玩儿，B妈妈也没有对A做出任何道歉，言辞之间还为自己家孩子抢到了秋千而感到高兴。

事情发展到这一步，孰是孰非可以说是一目了然。看到这儿，我以为一场纠纷马上就要爆发了，但是A和他妈妈的反应却出人意料。A下了秋千后表情有些委屈，A妈妈蹲下来问他："你还想玩儿吗？"A点头说："想。"A妈妈告诉他："那你去单车那边玩儿，我在这边帮你排队，一会儿你再过来玩儿。"A的脸上很快乌云散去，开开心心地过去玩儿单车了。

看到整件事情经过的我真有些惊讶，这位A妈妈衣着简洁大方，形象气质颇佳，神情果敢却又淡然。这场小小争吵中，她并没有和B的家长针尖对麦芒，看得出来不是不敢，而是不屑。她的处理方法也很得体，既安慰了孩子，也遵守了规则。小朋友A言行举止也是斯文大方，虽然受了委屈但也没有大吵大闹，和妈妈良好沟通后迅速适应了新的方案。

说真的，我在心里暗暗给这对母子点了个赞。

或许B和妈妈还在为自己抢到了秋千占了便宜感到高兴，但他们的莽撞无理却并不能为旁人所认同，而暂时失去秋千的A和妈妈却赢来欣赏和尊重。

抢秋千只是一件小事，却能看到两位妈妈的格局大小之差。

格局小的人看见的是眼前的得失，为一些琐碎小事斤斤计较，占到一些小便宜便得意扬扬。格局大的人在乎的是孩子的性格塑造，哪怕只是玩耍之中的一件小事，也绝不会忽视。

对于孩子而言，父母就是世界，一个孩子会成长为什么样，家庭环境的作用实在太重要了。父母的格局会直接决定孩子的人生走向，父母的生活方式、价值判断就是孩子眼中世界的行为准则，孩子成年后会沿着这个方向越走越远。

有人会说，没钱的人没法谈格局。然而在我看来，人们的格局可大可小，却不见得与钱有关。

虽然钱可以解决育儿中的很多琐事，但家长的言行举止带给孩子的影响远比钱更为重要。即使没有先天优渥的家庭条件，后天的学识、见解一样可以提高格局。

这里要说的是我高中同学M，她性格开朗温和，学习非常好，大学毕业后考取斯坦福大学的全额奖学金攻读硕士学位，如今在美国一家上市公司担任中层。

虽然她的家庭条件很一般，父母只是普通的工人，学历也都不高，但他们一家人其乐融融。父母教育她要脚踏实地，自尊自爱，努力追求梦想。可以说，家庭环境也是成就M优秀的基础力量。

如果说格局与金钱和条件无关，那究竟与什么有关呢？在我的理解中，为人父母的格局取决于三观——世界观、人生观、价值观。

孩子和父母朝夕相处，他们所看到的、学到的常常就是家长的价值取向。这就是为什么一个孩子的家庭环境比求学路上所学习到的知识更为重要的原因。

试想，如果父母的三观扭曲，那么孩子又怎能对人、对事有正确的判断呢？比如抢秋千事件里的小朋友B，本来只是对家长无理取闹，却在家长的默许中，认为可以通过攻击他人来抢夺自己想要的东西。这印证了一句话，“熊孩子”都是“熊家长”惯出来的。

我们都希望孩子成为一个有用的人，但天赋异禀的孩子毕竟是少数，所以选择将自己的时间、精力投入什么事情上，直接决定了孩子的人生成就。人生路上的重大决定，往往都隐藏在一个个小小选择之中，当时看似很小的一个选择考验的却是我们当下的直觉判断，这判断的依据，其实也取决于他们的格局。而孩子的格局从哪里来，自然与父母的言传身教分不开。

换个角度来说，育儿即育己，和孩子一起成长，很多时候就是价值观掰开了、揉碎了的重建过程。格局与金钱无关，与学历无关，父母有正确的三观，有大的格局，也许会比择校报班更能给予孩子成长的助力，让孩子活出不一样的精彩。

爱孩子，自然要给孩子合理的、适度的自由。

不争，也能有属于自己的世界

> 不争，不是畏惧、退缩，而是一种淡定、自信。
> 只愿我们的孩子长大后能够从容淡定，
> 在不争中找到属于自己的世界。

现在大家都在谈“富二代”孩子“秒杀”穷人孩子这样的观点，认为“富二代”的家庭中，如果家长重视教育且方法得当的话，家长所占有的社会资源，就会成为孩子成功的助力；而普通人家的孩子想要逆袭，不但需要孩子付出更多的努力，也需要家长拥有更大的格局。

但到底什么算是“成功”？我们究竟希望孩子成为什么样的人？

于我而言，我希望六六是一个拥有独立思考能力的孩子，清楚地知道自己想要的生活是什么。我想要她知道，人生不是考试，并没有标准答案，任何一种职业、身份、生活状态都有被尊重的理由。只要尊重自己的内心，聆听自己灵魂深处发出的声音，知道自己想要什么，那就有勇气能做出自己的选择。

能够自在地做自己，需要足够的力量和勇气。我希望她愿意为了自己想要的生活去拼搏、去努力；希望她拥有一颗强大的内心，可以坦然接受自己的选择所带来的任何后果。那时候，或许她离世俗的成功还很远，但我依然相信强大的内心会让她闪耀出最美的光芒。

成功与否的判断，其实是很主观的事情。很多人认为，如果能得到自己最向往的东西，那就算是获得了成功。有些人看重金钱，银行卡上不断飞涨的数字就是成功的标志；有些人酷爱权力，仕途升迁就是成功的目标；有些人向往自由，无拘无束、闲云野鹤的状态就是成功的人生；有些人最重亲情，父母健在、老婆孩子热炕头的生活就是成功的真谛。而如果六六以后能够过她想过的生活，幸福快乐，不管处在哪个阶层，在我看来，她都是成功的。

姐姐家的孩子从小跟俄罗斯国家大剧院的钢琴家学钢琴，去纽约参加演奏会是家常便饭，此外各科学业都很优秀，如今正在申请就读麻省理工学院和哈佛大学；朋友家的孩子，生在中国，不到5岁就能熟练地用英语与外国人对话，后来琴棋书画样样精通，连高尔夫球都打得很娴熟。客观地讲，如果我们放任着养六六，在综合素质上，她和其他小伙伴没差距是不可能的。但是，如果不去比较，又谈何“秒杀”和被“秒杀”呢?

按照现在评价孩子的标准，六六显然不够优秀。她没有进行过太多的英语启蒙，也没有熟背《唐诗三百首》，更没有拿得出手的琴棋书画等技能，可是这些并不妨碍她在成长路上取得一个又一个的进步。她性格温和，懂得分享，对人友善，这是谁都无法“秒杀”的光彩。

当然，虽说我们对孩子的未来不会过于苛求，不拿他们和别人比，但并不代表要放弃对他们的要求。养成善良、诚信、勤劳、友爱等品格，在我看来，比孩子多才多艺更重要。

看到这里，大家应该不难理解我的淡定了。我虽然并不出色，但也从未觉得自己被别人“秒杀”，自然也不会觉得六六被“秒杀”了。每个人都有自己的生活，永远盯着别人怎么会快乐？境遇、追求不同，外在条件和内在条件不同，使得两个不同的人压根儿不存在可比性。她比你漂亮一点儿，那又怎样？也许她正羡慕你吃嘛嘛香的胃口。她比你收入高一点儿，那又怎样？也许她正期盼着过你这样时常有空闲陪伴孩子的生活。人们之间常常在互相羡慕着、追赶着，有时争来争去却忘记了最初想要追寻的快乐。

都说妈妈的性格对孩子的教育会有很大影响，现在看来，的确如此。我就属于一个不争的人。认识我的人都说我上进、勤奋，但我的上进和勤奋并不是为了超过别人，而是因为我喜欢自己积极向上的状态，我想成为一个对家庭、对社会有用的人。埋头做自己喜欢的事，让今天的自己比昨天的自己更好，这就够了。

我特别希望孩子知道：人生赢家不是别人给的光环，自己的生活是什么样，终究是自己说了算。冷暖自知，苦乐在心。做什么样的人，过什么样的生活都是自己的事，犯不着和别人比来比去。安安静静地做自己，不要去想“秒杀”谁，别人也无法碾压你。

不争，不是畏惧、退缩，而是一种淡定、自信。只愿我们的孩子长大后能够从容淡定，在不争中找到属于自己的世界。

如果你能送给儿女一项能力，请认真考虑乐观主义

> 相信生活的美好，相信自己，面对再大的苦难，
> 只要努力都能挺过去，这是曾经的挫折教育给我的最大收获。

熟悉我的朋友可能都知道，我一直不苛求六六长大后能有多么靠近普遍意义上的“成功和优秀”，事实上，我真心希望的是她能拥有更多美好的品质、正面的能力。

有一次，我带六六去欧洲，因为行程安排得比较紧，路上赶得有点儿急。从阿姆斯特丹到哥本哈根的时候，我退完房打算逛逛市区再去机场，需要找个地方寄存行李，结果刚走出民宿大门，天公也不作美，突然下起了大雨。

好不容易找到一个地方可以放行李，我们又在瓢泼大雨中上车下车，还拖着几个大箱子，看上去的确颇为狼狈。放好行李后我看雨停了，就准备带着六六去逛玩具店，不料刚出门没走几步，又遇上一阵雨，只好抱着她一路狂奔回到放行李的商场，但我们还是都被淋湿了。

这时已经差不多到了吃饭时间，六六说饿了，于是我们就顺便找个餐厅吃饭。

那是家自选餐厅，各自拿了想吃的东西坐下后，我捋捋她湿漉漉的刘海儿，随口问她：“宝贝，你会不会觉得辛苦？”

六六抬头，眼睛睁得大大的："不会呀，很开心。"

我又问："为什么呢？"

六六吃着自己端的西蓝花和我点的咖喱炒面，笑得眉眼弯弯地说道："因为我可以吃到好吃的呀，这个面太好吃了！"

餐厅里因为室外很凉而显得有些闷热，六六额头上有些细密的汗珠，浸透了发际线上柔软的头发。在这一刻，我心里突然涌上了难以描述的感动。因为让六六觉得无比美味的面其实并没有她说的那么好，只是从这个细节中我更清楚地知道了：她是一个乐观的孩子。

其实，六六并不完美，从性格到能力等各个方面都还有很多的不足，但只要有她在身边，就像带着一个小太阳。她乐观、从容，不管顺境还是逆境，她都有发现美好、让自己快乐的能力。

生活是多面的，就像我们出门旅行遇到暴风雨，难免有些烦躁和沮丧。将就着吃个饭，六六却有着自己的"小确幸"，一份并不那么美味的面条就让她心满意足。这份乐观让我自叹不如，却又欣慰至极。

人生在世，总会遇到不顺心的事情，面对不顺利的境况如何做到不沮丧，这份乐观，是我们一直要学习的一项能力。

说到乐观，不得不提到悲观。乐观的人很容易就快乐、幸福。而悲观的人，即便是面临同样的处境，似乎很容易就自带负能量，唉声叹气。

我有两个朋友，真是很典型的两个极端，这里就称呼小A和小C吧。我们一起出去玩，在山清水秀的郊外，小A很开心："这空气真好，呼吸好畅快。"小C说："唉，这里空气再好有啥用，回去不还得吸雾霾。"

我们一起去餐厅吃饭，小A点了冰激凌："这个很好吃啊。"小C瞅了瞅，皱着眉头："这个有什么好吃的，万一拉肚子怎么办？"

不用说，和小A相处总是很轻松，因为她的开心会感染你，会让你觉得这个世界上美好的事情竟然这么多。

可是和小C相处就总让人有一种说不出的压抑感。很多时候她说得都没错，雾霾真的经常会有，吃冰激凌的确可能会拉肚子，但是，听起来就是不痛快。

这两位朋友都是和我一起长大的。小A家一直其乐融融，父亲母亲是很开明的人，即便她有成绩不好的时候，父母对她也总是鼓励多于批评。即便她考砸了也没关系，父母总会鼓励她找到原因，只要下次进步就好了。

而小C家就完全不一样，其实她成绩在班里一直是名列前茅，但只要没有考到前三，父母肯定要批评教育她，家里好几天都是乌云密布、风雨欲来。

不言而喻，小A家人的乐观豁达，小C家人的严苛消极，非常明显地投射到她身上，所以尽管小C是一个很优秀的女孩，她的消极却让她总是不快乐且波折颇多，作为朋友我会为她感到心疼和可惜。

我也曾经在很长一段时间里诸事不顺，而最终能走出低谷，全靠母亲通过言传身教给我的乐观心态。在婚姻磨合阶段，我对自己说，只要自己做得足够好，男人即便改变不了也是能感化的；待在体制内混日子、前路迷茫的那些年，我也坚信即使放弃一切重新开始，我也能让自己很好地活下去。

相信生活的美好，相信自己，面对再大的苦难，只要努力都能挺过去，这是曾经的挫折教育给我的最大收获。

身为凡夫俗子，我做不到永远宠辱不惊，做不到乐观得没有任何负面情绪。尽管如此，在孩子面前，我仍然会尽量消化掉情绪和压力。在对六六的性格培养上，我愿意尽自己最大的努力。

育儿先育己，这是我们总在说的一句话。其实身边有很多朋友在生孩子后似乎是换了一个人，懂得了包容，学会了完善自我。如果现在的你消极悲观，那么朝夕相处的孩子会读懂你的眼神，也会跟着不快乐。你希望这样吗？当然不希望！那么，我们能做的就是从现在起改变自己。

给大家分享诺贝尔经济学奖获得者卡内曼的一句话："如果你能送给儿女一项能力，请认真考虑乐观主义。"

Chapter 2

安全感：温暖孩子的所有时光

给孩子最足的安全感，首先要毫无保留去爱

> 如果一个孩子有充足的安全感，
> 那么他的内心是强大的、安定的，
> 无论将来遇到怎样的挫折，这种自信都会让他敢于面对。

一次，我和六爸要去武汉看演唱会，把六六也带了过去凑热闹。结果我们到了才知道，演唱会禁止1.2米以下的孩子入场，于是只能让她待在武汉的朋友家里。我们在离开前跟她认真沟通，说等会儿过来接她，她就跟我们挥手拜拜，转身和朋友家儿子玩儿去了。晚上接她时，朋友不停感慨：这孩子安全感好足啊，一个人在陌生的环境，竟然一点儿都不怵，开开心心的。

一年暑假，刚4岁的六六参加幼儿园组织的农耕夏令营，要离开爸爸妈妈，与一群小朋友一起在基地待5天4晚。她是年龄最小的营员，看似心大的我也很担心，时刻准备着晚上去接她回来。结果，老师反馈说六六顺顺利利地吃饭、洗澡、呼呼大睡，一点儿离家的恐慌都没有。我和研究心理学的朋友探讨过这件事情，结论是：越有安全感的孩子越容易表现得独立。

我们都知道，让孩子有安全感是一件非常重要的事情。如果抛开理论层面的分析，想让孩子有安全感，我认为首先需要做的一件事情就是毫无

保留地去爱他。

或许有人会说这太盲目了，难道孩子做错事情也不管教，反而支持鼓励他吗？这不是溺爱吗？下面我就以亲身经历和亲眼看到的一些事例来讨论一下。

毫无保留地去爱他、陪伴他

相信大家都有体会，孩子小的时候玩着玩着就会过来蹭蹭你，求抱抱，可抱起后没一分钟就跑了。其实这就是孩子寻求安全感的一种表现。他既对外界的新鲜事物好奇，又缺乏足够的安全感，所以他会回来蹭蹭，确定妈妈还在这里，便又能放心大胆地去探索新世界。

六六小时候总会这样，最开始我也不解，待我明白后便会每次在她跑过来的时候，笑着搂住她，告诉她，妈妈在这里，或者询问她的需求，每每这时六六都会笑得很满足。

如果这会儿妈妈只想着锻炼孩子的“独立性”而拒绝拥抱并推开他，孩子会不解，会惶恐，会更不敢离开妈妈，从而越来越想要腻在父母身边。

幼小的孩子对这个陌生的世界是会害怕的。我们爱他，就要认真感受他的情绪，并让他知道你懂他的情绪。不要刻意拒绝，不要延迟满足，要给他安全感，帮助他去适应环境。当他内心不再惶恐、不再害怕，他自然就敢松开你的双手去探索新世界了。

照顾到孩子的情绪，不是溺爱，而是懂得。听从内心的声音，毫无保留地去爱孩子吧！

爱他，就是认可他、信任他

在我看来，内心的强大和满足是未来能够在生活中感受幸福的重要因素。所以，即便六六并不是传统意义上的优秀孩子，我却依然非常认可她；即便她的表现并不完美，可她努力的态度和点滴进步在我看来已经比什么都重要。

我不会对孩子有过高的期许，只是充分尊重她、认可她，对于她付出努力的事情说Yes。这只是因为在我看来，对于孩子而言，没有什么比父母的认可更重要。从六六开始会笨拙地将小馒头塞进嘴里，到她跟好朋友分享自己最喜欢的糖果，我都会用最真诚的笑容，告诉她做得很好。就这么简单。

说说我朋友A的故事吧。A小学五年级的时候是班长，管着班费，可是有一次在要将班费上交给班主任的时候，突然发现班费不翼而飞。虽然只有几十块钱，但是在20世纪90年代，对于一个孩子来说，这简直就是一笔巨款。

她吓坏了，忐忑地去跟老师说班费丢了。老师听完后让她找家长来商量这件事，而班上同学也都陆陆续续知道了。

恰巧那天下午放学，她有点儿饿，就去学校小卖部买了点儿吃的。被同学看到后，随即谣言四起，大家窃窃私语说班费根本没丢，而是被她私吞了，所以她才有钱买好吃的。

虽然是毫无根据的流言，可是在当时她单纯的生活里，已经掀起了轩然大波。小小年纪被扣上了“贪污”的污名，她惊恐得无以复加，却不知道该怎么解释。她家境不错，平时也一直都有零花钱，可仍然被人猜疑。她回家跟父母哭诉，不敢去上学，所幸父母很坚定地相信她。

父母带着她去学校，跟老师详谈之后，先把钱垫上了，证明她不是要这个钱，然后带着她回想最后一次装钱是在哪里。虽然那笔钱最后还是没有找到，但父母的信任和安抚，给了她足够的勇气去面对质疑和挫折，而她的坦荡后来也重新赢得了同学们的信任。

朋友A说，在那种艰难的时刻，父母毫无保留的信任真是难能可贵。所以，后来即便她遇到再大的事情，也从来不怵，因为她有充足的安全感，她知道，无论什么时刻，父母都是她最坚强的后盾。

不要去试探孩子对你的爱

总听到一些家长会当着孩子的面故意说："我走了哦，不要你了。""你看，我抱别的妹妹了，她好可爱。"非把好端端的孩子给急得哇哇大哭，才满意地回到孩子身边，好像只有这样，才能证明自己在孩子心中的重要性。

每次看到这种情形，我都想问：你们到底是怎样的不自信，才要这样去试探孩子对你的爱？

对大人来说，这只是逗孩子玩的一个小游戏。但于孩子而言，这却是一种吓唬和威胁，会严重损害他们的安全感。孩子会因此认为父母的爱是不稳定的，随时可能会变。那么，你再怎么说爱，孩子心中又怎么会有安全感呢？

如果一个孩子有充足的安全感，那么他的内心是强大的、安定的，无论将来遇到怎样的挫折，这种自信都会让他敢于面对。所以，毫无保留地去爱孩子吧！虽然这个世界并不完美，但孩子依然可以无惧世事变迁，不怵人心险恶，永远心存美好和温暖。

用母亲的本能，温暖孩子的所有时光

> 我们需要科学养育孩子，是为了更好地照顾孩子，
> 而不是把孩子当成一个试验品，去塑造成自己想要的样子。

在哥本哈根旅行的时候，我们通过爱彼迎（airbnb）订到了一套有好几个卧室的民宿，按人数分起来，不论大人小孩每个人都可以单独住一个房间。

可就在选房间的时候，六六自然地说：“我和妈妈住这间。”见此情景，同行的小晖就问我：“美国孩子出生没多久就自己睡了，现在国内主流育儿观点不也是说3岁后孩子要和父母分房住吗？六六已经4岁了，怎么你还和她一起睡呀？”

没错，关于让孩子睡大床还是睡小床，母婴同床的利或弊，孩子和大人几岁分房睡这种文章，我看过很多很多。但我并没有早早让六六跟我分房睡，这是有原因的。我先说两个小故事吧。

在六六2岁多的时候，有一个晚上，我陪在她身旁还没睡着，忽然听到六六很清晰地说：“让我下去，让我下去，我害怕你！”我扭头一看，她居然正在下床。我赶紧说：“六六，是妈妈呀！”她仔细看了看，发现真的是我，伸手便说：“妈妈，抱抱。”我坐着抱了她一会儿，再把她放床上时她也没闹，却时不时睁眼看一下，拽着我的手小声叫着“妈妈”，我轻声应着，拍拍她的后背，不一会儿她就安静地睡着了。

我主张科学育儿，但很多时候，我还是在遵循自己的内心养孩子。

六六小声叫妈妈时，我就在想，如果她单独一个房间睡小床，就算有监控，当她小声呼唤需要一个抱抱时，我能知道吗?

即便分床、分屋睡的好处看起来很多，能让孩子独立，家长轻松。但是当孩子在脆弱和害怕的时候，我们能否及时发现，并给予足够的安全感呢?

孩子如果得不到及时的回应，或许会慢慢地在黑暗中习惯独自面对需求，作为一位母亲，我绝不会为了锻炼孩子的独立性，而在他需要我的时候对他置之不理。

等有一天，六六对在黑暗中独处不会再害怕、不会再有压力的时候，我自然会与她分房。而不是很多育儿书上说3岁要分房，我就必须遵守这个节点。我对孩子独立性培养的理解是，当孩子的安全感足够了，独立性就自然出现了。

有一次，我在小区看到一个1岁多的小男孩在蹒跚学步，他突然踩在一块突起的石头上摔倒了，撇撇嘴就开始大哭起来。他妈妈看了一下要过去安抚，爸爸却拦着说：“让他自己站起来，你越关注，他哭得越厉害，不要惯着他。”

妈妈说：“地面有些粗糙，我担心他擦伤了。”爸爸却不为所动，大声对孩子说：“来来来，自己站起来。”这时那个小朋友哭得越发大声了，坐在地上起不来。妈妈忍不住过去查看，果然，孩子膝盖、手臂处有很明显的擦伤，还有轻微渗血。夫妻俩开始互相埋怨、指责。

这种事情在生活中实在是太常见了，很多孩子摔倒了大哭，家长就说：“没事没事，不哭不哭，揉揉就不疼了。”却吝啬于给孩子一个安抚的怀抱。没错，孩子摔了一下或许并不会受伤，可是皮肤底下的疼痛，以及摔倒时的恐惧，也是真实存在的。

或许我们都接受过这个观念：孩子如果一哭就抱，会形成习惯，从而控制住家长，以后再哭不抱都不行了。

可是，孩子的哭泣分很多种，孩子确实有时会以哭闹来要挟父母，但是如果我们照本宣科地执行书上的方法，孩子哭了绝不去抱他，那么，如果孩子切切实实地受到了伤害，需要父母安抚帮助时，我们还在忽视母亲的本能，不信任孩子的真实情感表达，那就太让人难过了。

所以，当孩子真的疼痛、害怕的时候，我们只要陪在他身边，清楚地告诉他我懂得你的感受，给予适当安抚，孩子自然会平静下来。可这个时候，若父母只是冷漠地居高临下，以一句“没事，自己站起来”打发孩子，孩子心里得有多失望？

诚然，现在很多妈妈掌握了大量的育儿知识，在育儿过程中，很多时候已经不再依赖本能，而是随时调取脑海中对应的科学育儿知识。可是，母亲的直觉是不该失去的，孩子不是一个简单的项目，即便我们拥有再多的技巧，但如果忽略了个体差异性，我们仍然养不好孩子。

如今，母婴之间天然的联系慢慢地正在被一些所谓的“知识”分离。我们需要科学养育孩子，是为了更好地照顾孩子，而不是把孩子当成一个试验品，去塑造成自己想要的样子。简单粗暴地从某本书或者某些专家处生搬硬套过来各种养育理念，然后原封不动地放在个性千差万别的孩子身上做统一试验，想想都觉得不靠谱。根据自己孩子的独特情况和家庭养育理念，将这些科学知识融会贯通后再使用，才是我们应该做的事情。

当然，从科学上讲，孩子没有那么矫情，偶尔一些特别的需求得不到满足，也不一定会导致什么恶果。虽然我是个严厉的妈妈，面对六六摔倒之类的事情通常也会让六六自己爬起来，她做错事我会坚持让她改正和道歉，甚至她感冒了也不让她吃药，但骨子里我是十分宠她的，我只想尽自己最大的努力，用母亲的本能与直觉，温暖她的所有时光。

拥抱是世界上最美好又最简单的事情

> 无论我们多大年纪，在感到不安或伤心时，
> 拥抱总会是我们潜意识里最大的渴求。

有一首歌想必我们都是耳熟能详：“妈妈总是对我说，爸爸妈妈最爱我，我却总是不明白爱是什么；爸爸总是对我说，爸爸妈妈最爱我，我却总是搞不懂爱是什么。”

对于孩子而言，爱的真正含义可能很难理解。但是，不管孩子是在喜悦的时候还是悲伤的时候，有一个动作，总会最大限度地容纳他，让他清清楚楚地知道我们爱他。

孩子在刚刚学会走路的时候，蹒跚着冲我们骄傲地走过来，扑进我们的怀抱。抱着那柔软的小身子，孩子那份喜悦也都传递过来了，对吗？

六六刚学步那会儿还走不稳，摇摇晃晃地没走几步，摔倒了，坐在地上，撇撇小嘴就要哭。我抱起她，轻轻地贴着她的脸，拍拍她的后背。

她很委屈地依偎在我怀里，小手紧紧地抓着我的衣服，慢慢地，她的情绪开始平息，睫毛还是湿漉漉的，两条小腿便又开始跃跃欲试，跌跌撞撞地去探索美妙的新世界。

是的，我要说的便是拥抱。拥抱的神奇，也是我自当妈以来，从紧张慌乱进化到气定神闲的过程中感知到的。

孩子的疼痛我们可能没有办法感同身受，但是，我们能用最坚定的怀抱告诉他：“我一直在你身边陪伴着你。你的恐惧，我们一起承受；你的欢乐，我们一起分享。”

小宝宝最眷恋的就是妈妈的怀抱。当我们还是孩子的时候，一旦受伤或难过，总会有一双温暖的手伸过来，抱住自己轻轻地拍。这个动作的温度，以及它所带来的安全感，在我们的心里是一份无法抹去的回忆。所以，无论我们多大年纪，在感到不安或伤心时，拥抱总会是我们潜意识里最大的渴求。

以前陪六六读绘本的时候，有一本我们都很喜欢的书叫《鼻涕虫想要一个拥抱》。

鼻涕虫看起来像一只没有壳的蜗牛，湿乎乎的，又小又弱，非常缺乏自信。他一直渴望得到一个拥抱，可是他的妈妈从来没有抱过他。他百思不得其解，怀疑自己长得太丑了。他很难过，问其他动物，自己该怎么做，才能得到一个拥抱。

小猫说：“也许你身上应该有点儿毛，毛茸茸的，你妈妈就会紧紧抱着你啦。”

于是，鼻涕虫戴上一顶毛茸茸的帽子，穿上一件皮夹克。

小鸟说：“你需要像我这样的羽毛和大嘴。”

小猪说：“除非你装上蹄子和尾巴，才有人拥抱你。”

狐狸说：“如果你没有鼻子，永远也不可能得到拥抱。”

鼻涕虫一一采纳了大家的意见，戴上鸟嘴，装上猪蹄子和猪尾巴……

最后，他来到小溪边，几乎都认不出自己在水中的倒影。

那天晚上，一身奇怪装扮的鼻涕虫回到家里，妈妈竟然没有认出他来。

“妈妈，是我呀！”鼻涕虫说，“想不到吧？”

“但我还是爱你本来的样子！在我眼里，你是最可爱的鼻涕虫。”妈妈说道，“我非常想念你，你这么漂亮，这么可爱，如果我可以，亲爱的孩子，我一定会拥抱你。”

可惜她没有手臂，所以……

她给了他一个大大的亲吻！

我和六六在很长一段时间里都很喜欢这个故事，每次读完了，我们都会张开双臂来一个大大的拥抱，再来一个响亮的亲吻，心满意足。

关于爱和成长，我们都有着自己的理解。我们都曾是那个胆小自卑的鼻涕虫，希冀着爱，渴望重视，很多时候，我们期盼一个温暖的怀抱能驱走内心的怀疑、不安。

在爱我们的人眼里，无论我们是什么样子，都是最好的。只是每个人的表达方式不一样，也许是口渴时的一杯温水，也许是一个肯定的眼神，这些让我们知道，自己是被珍视的。

在六六委屈、生气的时候，给她讲道理是一件很费劲儿的事情，而一个拥抱就可以轻而易举地化解她的情绪。所以，开心的时候，不要吝啬自己的怀抱，和他人分享你的喜悦吧。当孩子委屈、难过的时候，也不要纠结于哭闹就抱会“绑架”父母的理论，听从自己内心的本能，给他最坚定的支持吧。

要知道，拥抱就是这个世界上最简单却又最美好的一件事情。

成就孩子幸福的5个细节

> 家庭教育中一些细节会强烈影响孩子的幸福感。
> 以一个细心妈妈的姿态，迎接一个富有魅力的孩子。

现在，我们身边有越来越多的父母对育儿特别用心。大家都在努力让自己做得更好，认真地阅读各种育儿书籍，摒弃传统教育中不正确的方法，念叨着不要溺爱孩子，要和孩子做朋友……然而，奇怪的是，孩子们却似乎并没有达到我们所期待的幸福状态。

儿童心理学教材和相关书籍都提到这样的观点：家庭教育中一些细节会强烈影响孩子的幸福感。比如说，孩子的一个微笑、一次哭泣，甚至是一次低头，我们能否敏锐捕捉到他的情绪，与之沟通，因势利导呢?

下面所讲的这5个细节，说难也难，说易也易，咱们一起想想看，自己做到了吗?

蹲下来和孩子交谈

这里的重点有两个："蹲下来"和"交谈"。其实这只是一个特别简单的小小举动——蹲下来——就可以让你和孩子的目光在同一水平线上。此时孩子才会觉得你像是一个平等的、可以愉快交谈的朋友，你跟他之间是交谈，而不是你在指使他。充分的尊重会使孩子变得更有主见和更自信。

如果你也曾感叹孩子胆小、没主意，在苦恼孩子逆反、不听话，那么，不妨试试蹲下来和孩子交谈，温柔耐心、姿态平等地和孩子做朋友，或许你会惊喜地发现孩子乖巧可人。

不要在孩子面前吵架

在温馨和睦的家庭环境中，孩子更容易成长为一个心地善良、内心愉悦的人。而生长在总是吵吵闹闹的家庭里，孩子也容易变得敏感易怒。

其实这个道理我们都懂，只是常常难以控制自己的情绪。细心的妈妈也许会发现，早在婴儿时期，孩子就能感知情绪，高声争吵会让孩子表现出惊恐甚至哭闹不止。孩子长大后更是需要家庭的和谐，当他看到心目中最亲近的人彼此恶语相向时，除了充满恐惧，安全感也会被摧毁，这对他一生的性格成长都有极为不好的影响。

不要和别人家孩子比

你是否从小就有个永远打不败的宿敌叫“别人家孩子”？他是否在困扰了你数十个春夏秋冬后，在你为人父母时换了身行头，重新缠上了你的孩子？

说真的，这样的轮回可一点儿都不好。

每个孩子成长的速度不同，有些10个月会走路，有些1岁半才会；有些1岁多会说话，有些2岁还说不好；有些1岁已经满口大白牙，有些1岁了才长几颗牙。不要盲目地跟别人家孩子比较，不要着急，去迎接小小人儿用自己的时间表带给我们的惊喜就好。

不要让别人家孩子变成自己孩子成长道路上的大山，应该学会肯定孩子、欣赏孩子，保护孩子的自尊心。每个孩子都是独特的，攀比毫无意义。不如用欣赏的眼光看待孩子，再加以适当的约束和引导，才更容易使孩子朝预期的方向进步成长。

提高亲子时光的质量

对于孩子来说，父母的陪伴远胜过所有玩具带来的乐趣。你有没有注意到，当你和孩子一起玩耍或是和孩子聊天的时候，他的眼神是满足而愉悦的。陪伴会让孩子感受到父母的关注和重视，这种关爱无法被替代。

爸爸妈妈们平时由于工作或是其他原因，想必失掉了很多陪伴孩子的时间和机会吧？那就在陪伴的时候更专心一点儿，把手机和文件都扔在一边，尽情享受只属于你们的亲子时光，对你而言，这也是一种甜蜜的放松方式，不是吗？

要遵守对孩子的承诺

有些爸爸妈妈轻易对孩子许下了承诺，敷衍的话语说过就忘，然而孩子却记得真切，一次次失望后，再也不相信父母了。

而那些谨慎对待承诺的父母，在他们的言传身教下，孩子更容易学会一言九鼎的行事风格。

不要觉得孩子还小就可以随便糊弄，很多时候我们其实需要把他当作成人来对待。做不到的事情就不要轻易承诺，而承诺过的事情就一定要兑现，哪怕当时实现不了，也要及时和孩子说明原因，推迟时间后仍旧要实现。这样的做法既能获得孩子的信任，也可以教他们懂得何为一诺千金，这样的心态与品格，可能将影响孩子一生。

有句话说："细节决定成败。"在育儿这件事儿上，细节也可以成就孩子的幸福。我们可以从以上这5个方面着手，以一个细心妈妈的姿态，迎接一个富有魅力的孩子。

如何让分离焦虑症的孩子快速爱上幼儿园

> 给予孩子足够的安全感，给予老师足够的信任，
> 和老师保持良好的沟通，
> 我想这就是六六能快速适应幼儿园的原因。

六六过了2岁后，未来上幼儿园能不能适应就成为我最担心的事情，因为六六一直由我、六爸和姥姥带着，对我们特别依赖。

六爷爷和六奶奶之前在美国的时间比较多，他们回国后，我有些刻意地尝试白天把六六送到他们那儿，晚上再过去接，像上幼儿园一样。本意是为了让六六早点儿适应和我们的分离，但是结果并不理想，每天分开都异常困难，除非我和六爸陪着，她才能在爷爷奶奶家待得住。

正因为有过这样的尝试，在六六正式上幼儿园的时候，我真的是非常担心。

第一天，状况很惨烈，六六在去幼儿园的路上还高高兴兴，可是要和我分开时，瞬间就哭得撕心裂肺。老师抱着她跟我说："请你相信老师，把她交给我们吧。"我忧心忡忡地把六六交给老师，并没有立刻离开，而是站在门口听了半天。中午12点之前，我接到老师电话，老师说："六六不适应，别的小朋友一哭她也跟着哭，需要家长中午提前接走。"

于是，第一天，她是被我灰溜溜地接回家的。

第二天一早，我忐忑地送六六去幼儿园，六六在要和我分开时还是咧嘴哭，可是跟着老师进门的瞬间就不哭了。虽然我做好了中午12点去接的准备，却意外地在上午9点接到老师电话，说："六六适应得不错，还交到了好朋友，有个小朋友一直拉着她的手，两个人在一起玩得很开心，下午放学再接吧。"

第三天，六六跟我分开的时候直接奔向老师，回头跟我挥手说"妈妈再见"，让我甚至有一些失落。

后来，六六上幼儿园的情绪一直非常稳定。国庆节在家待了7天，她基本天天都在念叨"我要上幼儿园"。

六六喜欢幼儿园，我一直想大概也是因为她性格温和，没有攻击性，比较容易交朋友的缘故吧。可以和朋友一起玩儿，这是很多孩子爱上集体生活的一个重要原因。

直到有一天，我去教室参观后才发现，孩子喜欢上幼儿园，可能和老师的关系更大。

刚送六六来这个教室时，屋子空荡荡的，而如今整体环境看起来很温暖，布置得很用心。那些教具大多数都是老师们根据孩子的年龄特点而手工制作的。

而老师对待孩子的方式，也能够通过我们的观察与孩子的感受得出判断。一个幼儿园好不好，首先要看老师爱不爱孩子。

六六的班里有四分之三的孩子是托班升上小班的，六六是初入集体，虽然我相信她不是让人讨厌的孩子，但跟其他孩子比，年纪较小的她表现可能也不会特别好。可每天从幼儿园回家，她都会很开心地讲当天发生的事情，而"老师们对我可好了"是高频率出现的一句话。班里40个孩子，她是一个安静的小不点儿，绝大多数时候应该很难引人注意而获得关照，她说老师对她好，应该更多是老师们传达给孩子的一种感觉。

六六上的这家幼儿园其实只是一所一般的公立幼儿园，一个月托管费加伙食费才1000多块，硬件真的很一般。由于看起来不够高大上，而且一个班40个孩子3个老师，我还一度打算换地方，后来考虑到老师的因素，我仍然坚持让六六留在这里。

我本来就不在意孩子在幼儿园学到什么东西，所以对技能培养、是否双语之类的标准根本无所谓，能让孩子在集体生活中感受到善意，培养她得到爱、付出爱的能力，是我最看重的。一所好的幼儿园还能“包治百病”呢，何止分离焦虑症！六六上幼儿园后进步非常大，几乎每天回家都会给我很多惊喜。这样来看，我觉得这个幼儿园我选对了。

但同样一个幼儿园，肯定有家长和我得出相反的结论。一天我接六六放学的时候，路过一个班级门口，就看到家长和老师吵架的一幕。原来是孩子回家跟家长告状说老师对他不好，老师瞪了他。于是家长去幼儿园闹，老师快气哭了顶了两句，家长就拖着孩子去找园长了。

孩子回家告状的情况，我们家也遇到过。有一次，六爸去幼儿园接六六，接完没一会儿就着急忙慌地给我打电话，说六六受委屈了，老师给大家发贴纸没给她。六六说老师不喜欢她。

我学过儿童心理学，知道这个阶段的孩子有时候会将臆想出来的事情当成已经发生的事情讲，所以并没有找老师兴师问罪，只是第二天去接孩子时顺便问六六班里发贴纸的情况。

其实，六六告状那天，老师根本没发过贴纸。发贴纸是之前某一天的事情，是老师为了让孩子快点儿吃饭而发的奖励，先吃完的孩子可以获得贴纸。但六六吃饭比较慢，注定是拿不到这个奖励贴纸的。这种情况下，当孩子由此得出老师不喜欢她的结论时，家长要做的不是去找老师兴师问罪，而是要教孩子理解规则、懂得取舍。

对孩子的教育，我也是在摸索和思考中前行的。一个3岁之前一直和亲人朝夕相处的孩子，忽然让她去一个陌生的环境里和陌生的人待在一起，心理上不会那么容易接受，这时候哭闹都是自然而然的反应。但六六能够从分离焦虑状态到迅速爱上幼儿园，我想大概取决于以下几个因素。

家人给予了足够的安全感

我们从来不会逗六六说“妈妈不要你了”之类的话，我去出差的时候也都会提前告诉六六：“妈妈将有几天不在家，但是我会在约定的时间回来。”这会让六六知道，无论何时妈妈都会守护着她，即便有短暂的分离，肯定还是会回到她身边。在这个大前提下，上幼儿园而与妈妈短暂分离，她也不会过于焦虑，因为她心里有足够的安全感。

性格温和、爱分享，容易交到朋友

有朋友的地方对孩子会自带吸引力，和朋友之间的新鲜游戏也转移了孩子的注意力，就不会总关注妈妈在不在身边，慢慢地孩子就会对幼儿园产生眷恋之情，会开始觉得幼儿园新奇，愿意去接纳、去探索。

老师比幼儿园的硬件设施更重要

遇到好老师对孩子的性格培养会影响很大。虽然现在新闻报道中曝光了一些不负责任的老师，但在我看来，那些终究是少数，我相信大多数老师都是负责任的、善良的。比如六六的老师就很温和，很有爱心和耐心，也有很多跟孩子沟通的小技巧。

老师是不是好，有时候也取决于家长的心态

如果家长能信任老师，给予老师宽容、理解和支持，即便出现一些小问题，也不要贸然地去找老师兴师问罪，而是应该了解清楚真实情况再去沟通，这份善意，老师和孩子都能感受得到，相互之间有信任，事情就会朝着好的方向发展。

我有个大学同学送孩子上私立幼儿园，一年学费8万块钱，她说就是想得到更好的服务，但她认为老师跟她说话不客气，她想换班，问我意见。我知道如果我赞成她换班，跟她一起鄙视那个老师她会很开心，但那样对朋友太不负责任。所以我明确地跟她说："如果你心态不改变，换班也没用，我们跟老师应该彼此互相尊重、平等相待。"

所以，给予孩子足够的安全感，给予老师足够的信任，和老师保持良好的沟通，我想这就是六六能快速适应幼儿园的原因。

和孩子一起给予爱、收获爱吧，爱一个人，不就是要让他相信这个世界有多么美好吗？

Chapter 3

给孩子立规矩：有规矩才有真正的自由

Terrible two：孩子一言不合就哭得歇斯底里

> 不用恐慌，不用苛责，
> 用温柔而坚定的爱来陪伴他们度过Terrible two时期吧。

孩子在2～3岁时会迎来人生中第一个反抗期，具体表现为黏人、情绪容易失控、喜欢对所有的事情说“不”、容易因为事情不符合他的期望而无理取闹。

这一阶段，被人们称为“Terrible two”（可怕的2岁）。

现在回想起来，六六的Terrible two时期也算是我育儿路上遇到的第一个拦路虎。在那之前，母女俩相处自由自在，那个乖乖巧巧的小人儿没事儿就冲我笑，回想起来真是岁月静好。

转眼到了Terrible two，六六的情绪说变就变。刚刚还一脸笑容地要喝酸奶，就因为我帮她把吸管插上了，她瞬间便大哭。没有经历过这种状况的人估计一头雾水吧，可要是经历过的父母肯定知道为什么——她要自己插吸管。

你说这件事情真的那么重要吗？我们也许觉得不重要，但对于这个阶段的孩子来说，那就是物权和规则感被严重破坏，不哭给你看才怪呢。

最开始，我也被她的哭闹弄得莫名其妙，她时时崩溃，我欲哭无泪。直到后来摸出门道了，才算是和“小恶魔”重修旧好，安然度过了Terrible two。我在这个“坎坷”的过程中总结出来了几个有效的小经验，愿在这里与家有“T2”娃的父母一同分享。

理解孩子，允许哭闹

这个年纪的孩子处于物权敏感期，会逐渐开始形成自我意识，并且也在努力熟悉这个过程。而在这个适应过程中，自然会有很多不符合他们期望的事情出现。可Terrible two时期的孩子有一个明显的特征就是情绪不稳定，很容易崩溃。所以，他们的哭闹就在所难免。

不要因为孩子哭闹就训斥他，跟他生气，最重要的是应该找到他哭闹的原因。孩子哭闹的时候怎么办？我通常选择陪伴，不管孩子如何不讲理，我都在一旁安静地守着，等孩子哭完了，把情绪宣泄完了，我再来跟孩子沟通。

在孩子哭闹的时候，安静陪伴往往会比诱哄、干预都来得管用。所以，不妨放平自己的心态，守候孩子，切勿心浮气躁。

不要和孩子对着干

比如，我递给六六酸奶的时候，就不应该自作主张帮她插上吸管，因为这件事情侵犯了她的物权，打乱了她的规则感。那么，在她哭闹的当下，我能选择的最好的处理办法就是另外给她一瓶没有动过的酸奶，并且记住在这段时期，我们不要在这件事情上擅作主张。

或许会有朋友疑惑，这样做会不会惯坏孩子？当然不会。打个比方，六六吃面包非要吃完整的面包片，如果我掰成小块给她，她就会哭闹不愿意。思前想后，我记起第一次给她面包的时候，就是一块完整的面包片，由她自己撕成喜欢的样子，所以她记住了这个步骤。这种对规律的要求并不是在无理取闹，而是她自然而然的一种逻辑，并且可能是我们无意间造成的。一旦我们破坏了这个规则，孩子就会不满意，这是孩子心理发展的正常阶段以及非常合理的逻辑思维模式。这和孩子做错事情我们却纵容是两个完全不同的概念。

在这段时期，如果我们越是和孩子对着干，孩子的情绪就越容易失控；相反，越是顺着孩子，孩子就越能很快平静下来。

换个角度思考

在孩子的Terrible two时期，尽管当时可能气得晕头转向，可过后再想想，也许我们还会觉得特别有趣。因为只要我们愿意换一种角度来思考，这件事情的性质就完全不同了。

很多在我们看来是调皮捣乱的行为，其实是孩子的幽默行为：

本末倒置：在衣柜里睡觉，倒骑玩具马，大喊他的早餐是桌子，把衣服反过来穿。

搞恶作剧：先友好地递给别人一个玩具，继而又把它抢过来。

小意外：撞倒其他小朋友的玩具，骑儿童车翻倒。

出人意料：本身不幽默的事情，如果忽然发生了，孩子会觉得很新鲜。比如忽然杯子里的水洒了，椅子倒了，玩具掉了，我们会生气，可他们觉得很好笑。

——摘自耶鲁大学路易斯·埃姆斯著《你的2岁孩子》

这些场景你一定不陌生，但你是否能够懂得孩子的幽默？表面上看起来故意捣乱的他们，其实是在慢慢融入生活之中，用单纯独特的视角去诠释幽默、寻找乐趣。

教会孩子表达需求

2～3岁的孩子由于大脑发育还不够成熟，很容易情绪失控。所以，我们平时就需要多引导孩子来正确表达自己的需求。

比如他喜欢什么颜色的衣服，想去什么地方玩儿，在这个范围里的事情完全可以让他自己来做选择。我们要提前获悉孩子的想法，这样就可以帮助他完成，而不是等他无力实现时而情绪崩溃。我们如果能清楚孩子在这件事情上的规则感，不去随意破坏，自然就能减少争端。

只有了解孩子的动向，才能更好地把握孩子的心态。“Terrible two”听起来很可怕，但实际上这只是一个阶段，只要应对合理，很快我们就会很惊奇地发现，随时随地变成“小恶魔”的孩子，忽然又成“小天使”了。

所以，不用恐慌，不用苛责，用温柔而坚定的爱来陪伴他们度过Terrible two时期吧。

应对"熊孩子"捣乱的"三要""三不要"

妈妈要尽量控制情绪，营造一个温馨融洽的家庭氛围，
这样孩子才能更好地成长。

一直都有妈妈在公众号后台问我："六六看起来很温和，也很守规矩，你是怎么教育的呀？"其实哪有孩子生来是天使，在他们刚开始表现出"熊孩子"苗头的时候，家长所表现出的不同反应，可能才是最终影响他们成长轨迹的原因。

六六2岁的时候，有一次我带她出去吃烩面，在我结完账回来的时候，发现她正开心地把面条装进她吃饭衣的兜兜里。见此情景，可能连店员都觉得这是"熊孩子"在捣蛋。当时我却并没有带着预设判断去"质问"她的"淘气"，而是非常平静地问她："你为什么用衣兜装面条？"结果她很认真地跟我说："妈妈，不能浪费，我要把没吃完的带回家。"

那一刻，我真的为自己感到庆幸，好在没有因为表象而立刻批评她。不要浪费粮食确实是我教的，她在吃饭前会自己说"粒粒皆辛苦"，连吃饭时掉到衣服上的饭粒都会抓起来吃掉。

她把吃饭衣当塑料袋来打包，是创造力的体现，虽然尝试未必妥当，但动机是好的。

倘若我在看到六六往衣兜里装面条时就严厉指责她，她一定会因为被

误解而感到委屈甚至哭闹，而我在知道真相后肯定也会后悔不已。孩子的节约行为被否定，创造力也被遏制，这些都是家长不了解孩子也不控制情绪造成的。

我还看到过这样一个故事。

一位妈妈工作了一天后下班回家，在整理孩子的床铺时，掀开被子却发现了一支已经融化掉的雪糕甜筒。妈妈当即怒火中烧，走出房间打算教训一下孩子，这时孩子刚好从外面回家，一进门就跟妈妈说："妈妈，爸爸总是把雪糕甜筒吃光，我悄悄藏起了一支给你。"妈妈的怒火瞬间熄灭了，原来孩子看起来不可理喻的行为实际上暗藏着对妈妈的爱意，妈妈蹲下来抱住孩子，说："谢谢你对妈妈这么好！"

在一个家庭里，妈妈的作用可以说是最重要的。所以，妈妈要尽量控制情绪，营造一个温馨融洽的家庭氛围，这样孩子才能更好地成长。这个简单的道理可能大家都懂，但有时候面对让人抓狂的"熊孩子"，很多人还是会一不留神就对他大发脾气。怎样避免这样的事情发生呢？我们来试试记住下面的"三要"和"三不要"吧！

一要低声教育，不要大喊大叫

低声教育就是在教育孩子时不大声批评、不威吓等。为什么提倡低声教育呢？我觉得只要一个理由就够了，那就是：己所不欲，勿施于人。如果是自己，不管是否做错了事情，被人高声呵斥，心里肯定也是不爽的，怎么还会听得进别人的话呢？

有心理学研究表明，在教育孩子的时候，高声调和低声调会收到两种截然不同的效果。在沟通的时候放低声调，减缓说话节奏，无论是孩子还是父母，情绪都会慢慢平和，孩子也会更容易接受父母的意见。

二要慢半拍教育，不要立刻发火

很多时候面对孩子捣乱的行为，我们总是在发火之后才知道孩子的想法。怎样才能控制自己不乱发火呢？不妨提醒自己，我要做个慢半拍妈妈，给孩子进行“慢半拍教育”。

别急着发火，做几次深呼吸，稳定一下情绪，多问问孩子“为什么”，很多时候孩子会给你意想不到的答案。

三要对事，不要对人

即便孩子真的犯错、捣乱了，我们在进行沟通的时候也要对事不对人，不要对孩子擅自贴标签和妄下结论。比如：“你太不听话了，我不让你这么做，你偏不听。”“你怎么总是犯这样的错误！”“你就不应该骑车，现在摔疼了你还哭！”

这些话语经常出现，但都是不对的！我们可以和孩子探讨事情出现这个结果的原因，相信他解决事情的能力，把他当成一个独立的个体去尊重、引导，而不是武断地否定他的能力。永远要记住，孩子在犯错的时候，才是最需要你的时候。

我一直相信，有什么样的家长就有什么样的孩子。家长说什么、做什么，孩子都看在眼里、记在心里，有模有样学到行动里。

想让孩子积极进取吗？那就先做个努力的妈妈，努力工作，努力生活，乐观开朗。

想让孩子爱读书吗？那就先培养自己读书的兴趣，跟孩子一起感受书的魅力。

不想让孩子待人暴躁，就先让自己做到遇事冷静。

不想让孩子斤斤计较，就先让自己做到宽容豁达。

在成为母亲前，其实我是情绪外露型的人，任何情绪瞬间就能让对方感受出来。可现在，我希望养出一个情绪平和的孩子，就只能尽量让自己的情绪先平和起来。好在回忆着曾经温暖的点点滴滴，六六的一切美好都可以非常快速地抚平我的情绪。

不要让自己情绪失控而伤害孩子，努力约束自己平日的言行，这是我对自己的要求。因为给孩子身体力行的榜样教育，胜过千千万万句居高临下教导的话语。

愿我们和孩子都能在未来的时光里，遇到更好的自己。

喜欢跟爸爸一起写书法、画画的六六。

如何解决孩子爱打人的烦心事

> 孩子偶尔打人是个普遍的情况，并不是什么太大的事，
> 家长的正确引导才是更重要的。
> 我们不必教他们处处争强好胜，当然也不必事事委曲求全。

宝宝动不动就打人，相信不少家长都遇到过这种头疼情况，如果不管教难免会担心让他养成打人的坏习惯，但是较真儿起来又会发现管教很难有用，不管是耐心讲道理还是生气呵斥，下次碰到不顺心的事情，孩子还是一言不合就打人，这可怎么办？

首先，我们需要确定的一个原则是：孩子偶尔打人不是什么大不了的事，不要因此强化他对“打人”这件事情的印象。但如果是习惯性打人，对旁人经常有攻击性，也容易造成对他人的伤害，那家长必须果断制止并加以引导。

其次，孩子打人这件事是需要分年龄段来区别对待的。3岁以前的孩子，多数行为是无意识行为，随着年龄慢慢增长，无意识行为会向有意识行为过渡。因此，在3岁之前，打人是孩子身心发展到一定阶段的正常表现，并不是暴力行为，所以，不用担心“这么小就爱动手，长大了可怎么办”，我们需要做的是耐心观察后再给予合适的引导。

下面我们先来看看孩子为什么爱打人。

对空间感的需求

在8个月左右的时候，孩子对手非常迷恋，他会惊喜地发现手的力量和作用。从这个时间开始，他们会喜欢用手来探索世界，满足对空间感的需求。但因为他们尚且对力量和准头控制不好，所以在这期间，一些行为举止会有些无法自控。比如在和别的小朋友一起玩儿的时候，会突然很用力地拍打别人。

发泄不满的情绪

孩子的行为都不是孤立发生的。当他不舒服的时候，比如饿了、困了，或者情感上的需求没有得到满足，他就很容易出现打人的行为，以此来表达自己的不满或者不适。

物权意识

这种事情通常发生在孩子抢夺玩具的时候，一个玩儿得好好的，另外一个过来抢，这很容易出现打人的情况。因为小朋友们对物权的意识不够成熟，很多时候都是看到喜欢的玩具就想玩儿，并且都认为是自己的，而被抢的一方会保护自己的东西，争夺之下很容易就动手了。

六六刚上幼儿园的时候，有一次老师告诉我说，六六主动打人，而且是掰人家的小手指头。这把我和六爸吓坏了，我们心想万一把人家的手指掰折了怎么办。六六回家后，我们跟她谈话，问她为什么打小朋友，她说因为那个孩子吃完自己的东西后又来吃她的，她一生气就掰了人家的手。

虽说掰人手指肯定不对，但这种物权意识在孩子身上是十分常见的。

安全感不足，以打人来自我防御

也有的孩子爱打人是因为家庭亲子关系出了问题。原本应该关心、保护孩子的父母平日里总是忽视孩子的感受，对他们关心不足。这样孩子在面对其他人，或受到一些外界刺激，或感觉受到威胁的时候，就很容易表现出有攻击性的行为。

模仿大人的行为，吸引注意力

这里有两种情况，一种情况是大人平时不注意控制自己的言行，会对孩子大喊大叫甚至打孩子。

《美国儿科学会育儿百科》中明确提到，经常挨打的孩子容易成为一个喜欢打人的人，因为他们在挨打中学到，暴力是一种可以接受的表达愤怒和解决问题的方法。记住，孩子会模仿父母对他做的任何事情。

另一种情况是大人有时候会以轻昵拍打来表示自己的喜爱，而孩子对其进行模仿，以此吸引注意力，然后慢慢变成习惯。

六六小时候第一次打人也是出于模仿，而一开始她这么打的时候，姥姥、姥爷都是笑嘻嘻的，她觉得好玩，然后一而再、再而三地尝试，好在这种打人的行为几天后就被我们纠正了。

接下来，我们就来谈谈孩子打人了我们该怎么做。

什么时候干预需要技巧

如果小朋友之间有一些轻微的推搡，我们不用马上大惊小怪去主动干预，而是需要给孩子机会，让他们自行处理。我亲眼见过一件小事，两个小朋友吵架，后来相视一笑瞬间就解决了问题，可一方的家长强行介入，最后闹得两个小朋友都不愉快。

小朋友打打闹闹很正常，家长动不动就去干预，小事上都非要分个是非曲直，揪着孩子道歉或者批评对方孩子，其实并没有必要。我们更应该做的，是相信他们有能力解决自己的问题。有过这样的经历之后，下次再碰到类似的情况，他们也就知道怎么应对了。

当然，如果孩子手上有容易伤害他人的东西，或者表现出强烈的攻击性行为，会让他自己受到伤害或者容易伤害到别人的时候，我们必须果断制止，要清楚地告诉孩子：不管谁对谁错，不管谁先动手打人，都不是伤害对方的理由。

行为不当的时候，使用“平静中断”

事先与孩子协商好玩耍的规则，例如要跟小朋友轮流玩儿等，并说明不守规则的后果就是把玩具拿走一分钟或去冷静一分钟。当违反规则的时候要温和而坚定地提醒孩子“住手”，如果还不听，可以使用“平静中断”，让孩子坐到椅子上或者去一个墙角，简单向孩子解释你这么做的原因，当孩子冷静下来了立即结束“平静中断”。

多给孩子关注，改善亲子关系

预防孩子出现攻击性行为最好的办法就是在孩子的幼儿期和学前期，给他提供稳定、安全的家庭生活。稳定的、充满爱的管教和照料，会极大地给予孩子安全感，从而改善他遇到问题时所爆发出来的情绪。

正面引导，教孩子与人友善交往

正面强化你希望看到的行为，教给孩子其他的反应方式，比总是简单地说“不可以”要有效。比如孩子出现打人的动作，我们可以拉着他的手轻轻抚摸自己的脸，告诉他要“轻轻地”，或者用拥抱、亲吻脸颊等动作来教会他友善地接触他人。当孩子不打人了，友善地与人玩耍时，要及时称赞他。

注意自己的言行举止

家长的管教方式会影响孩子的行为，要想教会孩子如何控制言行，首先自己要学会控制情绪，做好榜样。这个是无须多言的道理。

让孩子学会道歉

让孩子学会承担责任，做错事时要知道诚恳地道歉。当他不会说话的时候，我们可以带着他一起道歉，或者用自己的言行来表达。

总之，在纠正孩子打人行为之前，我们要先帮助孩子梳理情绪，知道他动手打人背后的原因，帮助孩子了解打人可能会导致的后果。在教育过程中，温和而坚定是不二方针，坚决反对以暴制暴。不要过多评价孩子的行为，明确地告诉他打人是不对的，以及引导他友好地和他人相处。另外，要知道纠正一个坏习惯可能会是比较漫长的过程，所以，坚持引导也很重要。

孩子偶尔打人是个普遍的情况，并不是什么太大的事，家长的正确引导才是更重要的。我们不必教他们处处争强好胜，当然也不必事事委曲求全。他们在成长的路上，会开心，会愤怒，也会悲伤，但慢慢地他们终将明白一些必要的规则，并懂得如何自己解决问题。

稳定的、充满爱的管教，会极大地给予孩子安全感，让孩子情绪平和、快乐。

聪明妈妈这样对孩子说“不”

> 我们也需要尊重孩子的感受，告诉他我们为什么会说“不”。
> 只有在良性沟通中，
> 我们才会更好地化解说“不”所带来的消极情绪。

在养育孩子的过程中，我们都经历过这样的日常：

大冬天里孩子非要玩水，明明感冒了还非要吃冰激凌，跃跃欲试地非要去碰那个热水壶……

孩子总会要做一些我们不愿意让他去做的事情。没错，我们对孩子说“不”的时候，都是为了孩子好，可是，简单粗暴地说“不”，孩子会听吗？大多数时候，孩子都是以哭闹结束的。换个角度，要是有人成天这样限制我们，我们也会不服和不高兴吧？

对待朋友、同事、领导、合作伙伴，我们都会讲究说话技巧，掌握言谈分寸。但是，面对这么小的孩子，我们却往往不注意沟通技巧。要知道，他们才是我们更应该温柔以待的人儿。

虽然日常生活中我也会对六六说“不”，但是在长久的磨合中，我们已经很和谐了。

六六小时候有些倔强，以前因为我们没有顺从她的心意，她也曾哭闹过，还趴在地上哭过。不管怎样，被拒绝都会让孩子产生失望或者感觉受伤害的负面情绪。正因如此，我们更要把握一个原则——不要总是说“不”，不要轻易否定孩子。孩子是在不断探索中领悟和成长的，需要给他一些时间和机会。

必须对孩子说“不”的时候，我们需要做好以下几点。

家长的情绪平和很重要

在管教孩子的过程中，家长的情绪非常重要。我们都知道，大吼大叫是没有用的，除了伤害孩子，自己也一肚子气，管教的效果甚微。我们只有自己保持情绪平和，才能更好地和孩子沟通。

跟孩子说“不”的原则

危及孩子健康和安全的事情，比如爬高往下跳，必须说“不”。

那些关系到道德法规的事情，比如不是自己的东西而蛮横去抢，违反社会法规的事情必须表明态度，必须说“不”。

当然，话虽如此，要想将这个原则落实到生活中，的确不是那么简单的事情。我们需要帮助孩子理解什么行为在什么情况下是不合适的，因为没办法要求孩子一下子都明白，所以需要反复告知。也许我们这次说了，孩子下次还会再犯。那么，不要一味抱怨：“说了多少次你怎么就不听？”而要耐心地再教孩子一次。

跟不同年龄段的孩子沟通方法不同

年龄不一样的孩子，沟通起来方法自然也不一样。三四岁的孩子，尽量还是采用讲道理的方法。而年龄比较小的孩子，用简单直接的话语阻止他去做不应该做的事情，则更为有效。当然，在他失望难过的时候，别忘了给予温柔的拥抱和安抚。

转移对当前事物的注意力

当孩子对一样事物感兴趣的时候，我们想拿走这样东西不太容易。那么，最好的办法是用一个有意思的东西去转移他的注意力。这样，他就会很容易放下原来感兴趣的东西。转移孩子对当前事物注意力的方法不一，比如读绘本、吃水果，或者是拿出他感兴趣的玩具，这些都比直接硬抢惹得孩子哭闹一场好。

六六小时候有一阵喜欢扔东西，当时六姥姥怕她乱扔砸到人，总是制止她不让扔，六六就不高兴了。后来我们想了一个办法，找一个大箱子，让她把玩具往里边扔，扔进去一个就鼓励她。很快，她被这个游戏吸引了，把地上的玩具都捡起来扔进箱子里。这个方法既满足了她想投掷的想法，又不会影响到他人。

理解、尊重孩子的感受

尽管我们不可能永远满足孩子，但也不能总是简单粗暴地拒绝孩子。虽说挫折教育也算是孩子成长中的必需品，但当他碰到问题的时候，最重要的还是让孩子知道我们理解他的感受。

孩子们并不是真的想无理取闹，很多时候都是我们没有理解他的需求，没有做出该有的回应，孩子只有在感到伤心甚至愤怒时才会做出无理行为。

正确地引导孩子接纳自己的情绪，也让他知道我们关注他的感受。很多父母在生活中容易形成一种极端的育儿态度——要求孩子听话，绝对服从，家长说什么孩子就得做什么。但是在这种环境下成长的孩子，最后往往变得非常叛逆，因为他的记忆中，家长总是在否定他，总是粗暴冷漠地说“不”。

所以，当我们不想让孩子做某件事情的时候，我们也需要尊重孩子的感受，告诉他我们为什么会说“不”。只有在良性沟通中，我们才会更好地化解说“不”所带来的消极情绪。

上文中这几个方法说复杂其实也很简单，一般情况下我们总是在沟通时说“不”，告诉孩子为什么不行时就戛然而止了。但是，如果我们耐心点儿，说完“不”后再告诉孩子我们可以做什么，然后陪伴孩子一起去做，情况往往就会好很多。

下次，当你还想拒绝孩子的时候，不妨试试这个方法。要知道温柔而坚定的态度会比沉着脸对着孩子大吼大叫要好得多。

破坏规则的人总在占便宜，为什么要教孩子守规矩

> 有规则意识的人大多也是有原则的人，
> 这样的人会更懂得社会的运转，
> 知晓事情的底线，能有效规避风险。

我们经常会发现，在孩子的社交活动中，很多事情并不会丁是丁、卯是卯，总会有人贪图方便而忽视规则，也总会有人习惯用不遵守规则去占些小便宜。

规则，于我们的育儿生活而言究竟意味着什么呢？

我们都知道推着婴儿车上扶梯很危险，可是为了少走路仍然上去了，在风险和侥幸之间，有多少父母会遵守规则？

我曾经看过一个视频，一位妈妈推着婴儿车下扶梯，结果一不小心没抓稳，连车带孩子滚了下去。“避免发生危险，严禁婴儿车、手推车使用扶梯。”在很多商场，扶梯旁边都有这种告示，却被无数推婴儿车的父母忽略。婴儿车的车轮在自动扶梯上很容易被卡住，一旦推不动很容易造成自动扶梯出口被堵。如果当时自动扶梯仍在运行，则可能会造成后面的乘客相继摔倒。如果婴儿车上有宝宝，后果更是不堪设想。

我一直很认可那句关于规则的总结：“再也没有什么比规则更冷冰冰、硬邦邦，毫无人情味。你不遵守它，它比老虎还要可怕；当你遵守

它，它就是你最坚实的盔甲和最温暖的外衣。”

很多时候，我们并不能理解为什么要设定规则，大家都不喜欢被束缚的感觉，更不喜欢因为规则带来的种种不便。但是如果深刻理解规则背后的原因，我们就会知道制定规则并不是为了限制人，而是为了保护人。

虽说遵守规则非常重要，但我们仍然常常会看到现实生活中，破坏规则的人不在少数，而且破坏规则也的确给他们带来了一些好处。

比如从A宝宝手里强抢了秋千的B宝宝，得逞后扬扬得意。比如考前辛苦复习者有可能不如考试时冒险作弊者的分数高。比如我们在高速路上堵得心力交瘁，而不守规则者却在应急道上风驰电掣。

规则对于这些人来说算什么呢？破坏者总是能随随便便、轻轻松松就获得好处，而遵守规则的我们辛辛苦苦却敌不过别人的捷径。说不气愤，那是假的。

既然别人不守规则有好处，那么我们还有必要遵守规则吗？

如果你问我，那我告诉你，我坚信遵守规则是值得的。在教育六六的时候，我教她排队，可她会遇到插队的小朋友，比她玩更多次游戏；我告诉她红灯停绿灯行，可总会遇到一些人在我们站着等待时飞快地闯过红灯；我告诉她垃圾一定要扔到垃圾箱，她看到的是一些人随地扔垃圾，而她却要将一个包装袋攥在手里绕很远路找到垃圾箱或回家后才扔掉。

面对现状，幼小的她也会产生迷惑，不知道自己到底该怎么做。

这个时候，我会明确地告诉她，即便我们会因为别人不遵守规则而吃些小亏，但是我们也不能就此去做一个不遵守规则的人。不管别人怎么做，我们自己都要守规矩，并以这种价值观尽可能地影响身边的人，这本身也是个人行为的价值和意义。

对规则，我永远是充满敬畏的，并且会坚定地把这份敬畏传递给六六。我也始终相信，坚持遵守规则，孩子会因此得到更好的指引，他的人生也不会因为吃亏而一塌糊涂。就像明知道投机取巧会获利更多，但我仍旧坚持和产品较真儿。明知道钻空子会更轻松，但我仍相信只有真诚才会收获真正的信任。

认真地遵守规则做对的事情，不走捷径，是这个世界上最简单也最安全的路。我会将这些告诉六六，也许现在她一知半解，但是我相信，她以后终将因此受益。

规则意识的培养需要一点一滴积累，家长、社会都有责任给予孩子良好的引导。没错，规则总会有漏洞。比如偶尔闯个红灯并不会出车祸，孩子偶尔几次不坐安全座椅并没有出危险，偶尔一次酒驾也不会真的出事，但是，一旦出事就是血的代价，拿生命来赌，值得吗？

我们要教会孩子遵守规则，这并不是控制孩子，而是正面引导孩子养成好习惯，往大了说，那就是树立正确的“三观”。

可以玩的玩具就尽情玩，但是会伤害到别人或者自己的游戏就必须杜绝。

过马路必须看红灯，哪怕是夜深人静没有车的时候也要遵守，因为这是最基本的安全意识。很多时候，遵守规则所形成的良好习惯会潜移默化成一种修养、一种能力。有规则意识的人大多也是有原则的人，这样的人会更懂得社会的运转，知晓事情的底线，能有效规避风险。

所以，很多时候我们需要对孩子说“不”，需要教会他们与这个世界和平相处。没有界限的妥协，只会多一个“熊孩子”，这并不是恰当的爱。

我们遵守规则，也教会孩子去遵守这个世界的红绿灯，也许会有些不易、有些委屈，但请相信，我们每个人对这个世界多一点儿信任，世界也会还我们更多的善意。

怕孩子哭不是你纵容孩子坏习惯的理由

> 我们需要的是用张弛有度的爱和适当温和的方法，
> 来教会孩子健康、快乐生活的能力，
> 要是孩子一哭就满足，那只会坑了娃又坑妈。

一天下午，我带六六去大卫城坐小火车，同车厢的是一个奶奶带着2岁左右的小孙女。随着火车开动、音乐响起，六六兴奋得手舞足蹈，小姑娘却有点儿提不起精神，嘟着小嘴哼哼唧唧。

奶奶说："宝贝儿啊，你这会儿不能睡啊，快看快看，小火车咣当咣当多好玩儿。你看姐姐跳舞呢，你也跳，快！"

小姑娘并不怎么配合，奶奶转头看向我，问道："你们孩子这么大的时候睡午觉吗？"

"睡啊，咱们大人中午还困呢，小孩子觉多，不睡怎么受得了呢？"

"我们这小宝贝儿，每天上午睡到十一二点，中午吃完饭怎么哄都不睡，到下午四五点，又瞌睡了。哪儿敢让她睡啊，就这么好好哄着、逗着不让睡，夜里还得玩儿到11点多呢，要是这会儿睡一觉，老天，小祖宗非得给你折腾个半宿！"

"阿姨，可能是孩子上午起床太晚了吧？七八点就叫起来，会不会好点儿呢？"

“可是孩子会哭啊！这孩子就是不愿意早起！”

“呵呵。”

怕孩子哭，成为这个奶奶纵容孩子坏习惯的理由，接下来她又吧啦吧啦说了很多，我没有接茬儿。萍水相逢，我也不好过多地去指责或是纠正，我只是真不知道如何将这段谈话进行下去了。

几分钟后小火车到站，六六欢快地下了车，跟那个奶奶与小妹妹挥手告别，此时我忽然想起六六小时候的一些事情。

六六7个多月开始满地爬，为了鼓励她多爬，我们全家都喜欢在她后面爬着追她。有一天，她像往常一样在前面一边爬着，一边笑着扭头看追她的我，结果这次一不小心撞在了椅子上，可能被撞时自己也吓一跳，于是哇的一声就哭了起来。

旁边的六姥姥赶忙把六六抱起来，看她撞得并不要紧，就说：“没事儿的，宝贝儿，下次小心点儿看着前面啊，六六乖，姥姥抱抱，不哭了啊。”

虽然撞得确实一点儿都不重，但六六被抱着哄了好一会儿才停止了哭声。小孩子大多受不得委屈，撞疼后哭一会儿倒也正常，只是六姥姥的冷静让我很惊讶，原来一直以为她可能会跟孩子说：“都怪椅子不好，打椅子。”

有时候大人们那些“都怪谁谁谁”的抱怨和“只要不哭了就给你买玩具”之类脱口而出却并不打算兑现的承诺，虽然能立竿见影地制止孩子的哭闹，但是长远看来，推脱的习惯也许会由此潜移默化地植入孩子的心灵。这难道不是一种得不偿失吗？

怕孩子哭，实在不应该成为推脱、抱怨和无视承诺的借口。

在我家，当六姥爷带六六时，我就不那么放心了。六六要吃冰激凌，给！要看动画片，看！虽然我也能接受偶尔吃点儿冰激凌、看点儿动画片，但最令我郁闷的是，在六六完全没想到这茬儿的时候，六姥爷还主动抛来“诱惑”……

有一天六六刚看完动画片，很乖地关了电视在一旁看绘本。过了不到10分钟，六姥爷晃悠到客厅，拿起遥控器在六六眼前晃来晃去：“六六，想不想看动画片啊？姥爷给你放啊！”

随着六六兴奋的声音“要看！要看！”，我听到了电视开机的音乐声。

“爸，六六刚看完，别让她看了！我和她之前说好的，今天只看一集。”

“她说要看，如果不让看，她会哭啊！”

原本听我说到约定时六六愣了一下，然而在六姥爷话音刚落的一瞬间，她哇地哭了起来。

“你看，哭了吧，我说啥？你们真是的，连个动画片都不给看。”

“……”

那一刻，我也是够郁闷的。为了孩子不哭就要满足她的一切要求吗？

况且究竟是孩子在闹，还是大人打着孩子的旗号在闹呢？这样的老人、亲戚、朋友，我想谁家都会有一些吧？为了让孩子不哭就无底线地溺爱，就让孩子按照自己的想法去做，甚至有些家长还在惯出孩子坏习惯之后又去责怪孩子不懂事，从没想过正是自己造成了现在的局面。

怕孩子哭，其实不应该成为引逗孩子或过分溺爱的托词。

孩子会哭，会耍赖，这都很正常，做家长的确实也不愿意看着孩子使劲儿哭个没完。既然指责、抱怨、纵容都不可取，那么面对哭闹不止的宝宝，应该如何做呢？

我分享几个总结出来的实战技能，看看用在自家宝宝身上是否也同样见效吧！

场景一：

宝宝早上赖床不起，喊得多了就开始哭。

聪明妈妈这么做：

轻轻拉开一半窗帘，温柔地和宝宝说说话。不要试图用大声和强光把宝宝叫醒，谁都不会喜欢这样的叫醒方式，宝宝同样也不会买账。先放点儿音乐，拉着宝宝的小手舞动一下胳膊，和宝宝说“天亮了”，再和宝宝讲讲今天的安排，告诉宝宝一会儿起床后他要做什么，用有趣的事情吸引他的注意力，当然，讲的必须是今天确实会发生的，而不是胡乱编造的。

宝宝本身就已经被喊醒了，而只是要赖不愿起床而已，听到这些比睡觉更加有趣的事情，自然就心甘情愿地睁开眼睛了。比如六六养了只龙猫，上幼儿园前的每天早上，她都是为了龙猫而起床的。

场景二：

宝宝在家中被地上的玩具车绊倒了，摔得不重，但趴在地上就开始哭。

聪明妈妈这么说：

“妈妈知道宝宝摔疼了（表示共情），宝宝勇敢，快站起来吧（鼓励宝宝，有需要的话妈妈可以伸手扶一下）！”

“妈妈看看，你哪儿摔疼了。哦，这里啊，妈妈亲亲，亲亲就不疼了哦（宝宝很需要心理安抚）。好了，没事儿了，宝宝你看，你踩着小汽车了，它也好疼，你要不要像妈妈这样安慰安慰它呢（告诉宝宝要懂得体谅别人）？好的，宝宝好棒，小汽车也不疼了呢。你看，这次是因为玩具没有收拾好，宝宝又没有注意看路才摔倒的。咱们一起把玩具收整齐，下次咱们不乱放东西，走路小心一点儿，就不会再摔跤了，好不好（借此加强收拾玩具和走路看路的意识，也不白摔这一跤了）？”

场景三：

宝宝想要一样东西，不给买就哭哭哭。这应该是宝宝哭闹最常见的一个原因了。

聪明妈妈这么做：

首先要坚定地告诉宝宝，不可以就是不可以，并不会因为他的哭闹而改变。爸爸妈妈可以承诺在日后的某一个场景下给他买，或是让他吃（玩），但是记得，说到就一定要做到。平日里也要这样，次数多了，宝宝才会相信妈妈说话算数，哭闹并不会有什么实质意义。

其次可以找一些手边的玩具来转移宝宝的注意力。让宝宝被另一件事情吸引，绝对比一味说“不要哭，不许哭”来应对宝宝哭闹要有用得多。另外，千万不要在公众场合对哭闹的宝宝大声呵斥甚至大打出手。孩子大哭让人很没面子是吗？相信我，你的粗暴行为过后，孩子会让你更没面子。

痛了、委屈了、不顺心了，孩子自然会哭。哭只是情绪的正常宣泄和表达，不应该成为孩子养成坏习惯的借口和要挟取闹的手段。

不顺从孩子，他会哭啊！不满足孩子，他会哭啊！那又怎么样？我们需要的是用张弛有度的爱和适当温和的方法来教会孩子健康、快乐生活的能力，要是孩子一哭就满足，那只会坑了娃又坑妈，千万要小心！

年龄小，不该成为纵容孩子丧失教养的借口

> 倘若从小就没有养成好的习惯，
> 甚至根本不知道事情的对错标准是什么，
> 那么长大后在外面自然而然就会做错事。

这个话题，我们来从一则新闻说起。

一家人在火锅店吃饭，大人们觥筹交错、相谈甚欢，全然不顾孩子在火锅店里到处乱跑。孩子故意撞翻服务员倒好的茶水，趁乱踢其他客人的桌角，偷偷拿走邻桌一个女孩放在桌角的手机，大人们似乎都没有看见。

可这个女孩及时发现并且收走了手机，孩子的小“诡计”没得逞，跑回去找妈妈告状，指着女孩说：“妈妈，她不给我玩儿手机。”孩子妈妈开口了：“哎呀，你就跟姐姐好好说说，让她借给你玩儿嘛。”于是孩子又跑过去，要拿手机玩儿。女孩不给，他索性爬到椅子上，往女孩的火锅里吐了几口口水。

女孩这时不干了，找了店老板说理，又找了孩子的父母，希望他们能管教一下孩子。孩子妈妈开口了：“小孩子不懂事啦，让一让不就好了？”店老板也很无奈，主动给女孩这桌重新换了一个汤锅。

事情到此仿佛已经结束，家长就像什么事都没发生过一样。女孩继续和朋友吃饭，可那孩子好像有点儿意犹未尽。

过了一会儿，女孩的朋友去上厕所，女孩独自一人坐在桌前。这孩子忽然跑过去，瞬间爬上女孩对面的座位，拎起滚烫的汤锅照着女孩劈头盖脸地淋了上去。好端端的一个女孩，脸被严重烫伤。

看见这样的消息时，想必我们心里都是愤怒的。你家孩子小、不懂事就得全世界都让着？殊不知，幼时的不懂事慢慢会变成没教养，变成对他人的恶意伤害。这种扭曲人格造成的恶果，无论是无辜的受害者，还是纵容娇惯的孩子，教育监管上不作为的父母，都承受不起。不知道在女孩疼得尖叫的那一刻，孩子父母会怎么想。我倒是想了挺多。

第一，以后出门遇到这种“熊孩子”，要有防范意识，不能觉得对方是个孩子，就低估了他的恶。

第二，惹不起躲得起，尤其是孩子在身边的时候，懦弱一点儿也没关系，保护孩子万全才是最重要的事情。

第三，不做“熊家长”，该管就管，绝不手软，坚决不能看着孩子走向罪恶。

“可是……我家孩子，顶多是调皮，离罪恶好远啊……”我想这或许也是更多妈妈的想法吧。确实，走向犯罪是特别极端的例子。但是，孩子如果在平时的小事中就习惯了只顾自己而不考虑他人的感受，那么长大后必定会是一个不受欢迎甚至遭人讨厌的人。

一个周末，六姥姥的朋友带着小孙子来家做客，正好我和六六也在。到了用餐时间，大家围坐在一起正准备动筷子，突然那位奶奶直接端起桌上那盘鸡翅，放在了自己小孙子面前，笑呵呵地说：“我孙子最喜欢吃鸡翅，放这里你们不介意吧？”

我没好意思说什么，看了看六六眼巴巴的表情，就往六六和六姥姥的碗里各夹了一个鸡翅。在我正准备往自己和六爸的碗里也各夹一个的时候，那个孩子猛地往盘子里吐了口口水，一脸得意地说道："我洒过记号了，这些都是我的，你们谁都不许动！"

当时我都呆住了，尴尬地收回了举在半空中的筷子。其实那天六姥姥是做了足够分量的，就算给每人分几个都没问题。

那位奶奶倒是淡定地笑着对我们说："这孩子在家都是这样，被惯坏了，孩子嘛，不懂事，你们别跟他一般见识啊。"

当然，我不会跟他一般见识，可我深深地担忧，这样一个招人烦而不自知的孩子，在家长不以为然的态度下，长大以后能得到多少人的善待和谅解呢？又会受到社会怎样的对待？

朋友说她家也刚刚经历了一场"事故"。那天，亲戚家的孩子来家里玩儿，她刚进家门，忽然冲出来一个孩子对她扮鬼脸，满嘴涂着艳丽的口红。朋友一眼就看出，那是不久前她咬牙新买的芦丹氏（Serge Lutens）玫瑰色口红。

当时她就火了，立即冲进卧室，眼前景象差点儿没吓死她。桌面上的、化妆包里的，甚至抽屉里的化妆品都被翻腾了一遍，眉笔断了，粉饼碎了，精华液洒得到处都是，还有好几管口红被拿来当画笔用了。

听到她大声尖叫，她妈妈和孩子奶奶冲了进来。面对眼前景象，孩子奶奶说："哎呀呀，小孩子调皮，别介意啊，等你有孩子就知道了！"

朋友还没反应过来，那孩子一把拿起桌上的口红，毫不客气地说："我喜欢这个，我要拿走！"

朋友一把抢过，愤怒地说："不行！"

这时，孩子奶奶不愿意了，说："不就是拿你一支口红吗？不值钱的玩意儿，真是抠！"然后就气冲冲地走了。朋友委屈得很，明明是孩子没教养，怎么还理直气壮好像全是她的错？

育儿是不断自省、不停完善自我的过程，相对于那些不注重约束孩子的家长，我或许只是觉悟得更早了一些。

之前六六在家也是被娇惯得不像样。和大人围坐餐桌吃饭的时候，拿勺子反复翻搅盘子里的菜，六姥爷说："小孩子懂什么，长大点儿自然就好了。"我只要把包放在触手可及处，她就会翻我的背包，我阻止时六姥爷会说："翻一翻又不会弄坏，她才多大，跟她计较什么。"

遇到这种情况，或许因为我潜意识里觉得，六六在家这么做并不会过多影响谁，所以我不疼不痒地说她几句，也就随她去了。可听到越来越多的"熊孩子"闯祸甚至伤人的事情，见到更多"熊孩子"自私、专横、蛮不讲理的事情后，我深刻地意识到这种观点是严重错误的。

倘若从小就没有养成好的习惯，甚至根本不知道事情的对错标准是什么，那么长大后在外面自然而然就会做错事。倘若从小缺失了家庭教育，那么长大后必然会受到社会的教育。第一次犯错是不懂事，如果家长不加以重视，不去跟孩子沟通，不让他改正，第二次再犯这样的错就是没教养了。

几乎所有家长都有过被其他"熊孩子"困扰的经历，却不自觉地在发现自己家孩子影响他人时又认为"长大自然会好"。孩子都很聪明，从你袒护的话语里就能感觉到，这件事情并不重要，这种做法并不需要改正。长此以往，他不会自然地变好，而是会自然地变成一个招人烦的大人。

纵然性格扭曲酿成大错是极端的个例，但就算只是为了孩子不要长成招人烦的人，也要常常告诫自己防微杜渐。年龄小，不该成为纵容孩子丧失教养的借口。

Chapter 4

培养社会能力：懂得放手才是更好的爱护

不要再说“放着我来”，孩子的事就让孩子自己做

孩子的成长无人可以代替，
教会孩子成长的永远是他自己，而不是你，更不是生搬硬套书本。

很多人在当了妈妈之后特别容易母爱泛滥。因为爱孩子，所以不愿孩子受到一点儿伤害，事事亲力亲为，帮他们开山劈路，生怕他们有半点儿辛苦。但这样做，真的对孩子好吗？要知道，孩子有自己的各种人生滋味需要品尝，什么都替他做了，他做什么？

养孩子这件事本身就是个打怪升级的过程，先搞定屎尿屁，紧接着操心吃饭睡觉，然后就是各种好习惯的培养。做家长的总是万分紧张，生怕错过孩子的各种“敏感期”，影响了他们的身心发育。其实即使我们竭尽全力，孩子的发展也未必尽如人意。

很多妈妈给我留言，问我孩子吃饭到处跑或必须一边看电视一边吃怎么办？也有很多妈妈问孩子专注力太差，做什么都是三分钟热度怎么办？

我知道，大家都读了很多育儿书籍，看了很多育儿文章，但那些科学的育儿方法，怎么用到自家孩子身上就完全失效了呢？道理很简单，孩子的成长无人可以代替，教会孩子成长的永远是他自己，而不是你，更不是生搬硬套书本。

对孩子来说，做什么，学什么，他有自由选择的权利。自由选择是孩

子做事情有兴趣的前提。而家长最基本的一个处理原则是：对于孩子力所能及的生活事务，尽量让孩子自己学着去做。

用心照顾孩子本身没错，但如果我们操心得太多了，比如孩子还未开口，你就提前满足了他的一切需求；孩子一伸手，你就大喊“放着我来”，生怕他磕伤碰伤；喂饭、帮穿衣服、递玩具，甚至连摔倒了都用不着自己爬起来，那么孩子如何应对生活中的挫折，如何成长？

自己做主，才能培养孩子的自信心、自尊心和责任心

前段时间我带六六和朋友一家吃饭。席间，朋友两口子齐上阵，一起伺候2岁多的儿子吃饭，一个人喂，一个人拿玩具，小家伙还是闹着不愿意吃，场面着实热闹。

朋友尴尬且无奈地说：“这孩子吃饭习惯太差了！”再回头看看六六专心自己吃饭的样子，朋友很羡慕：“六六可真乖！”

饭后，她跟我讨教经验。其实，朋友也看过我写的培养六六吃饭习惯的文章，可是她说这些方法对她儿子来说不管用。我想了想说：“不如尝试让他自己吃饭吧！”朋友第一反应就是：“他自己吃，怎么可能吃饱呀？”看，连吃饱喝足这种人类本能的行为，朋友都不愿意相信孩子，那孩子哪里会有内在动力自己吃呢？

我苦口婆心地劝她：“他2岁多了，有能力握勺子，也完全能自主进食了。”虽然朋友仍旧担心，但终于也点点头，决定试试。

孩子吃饭也是一项技能，需要学习和适应

每个孩子刚开始独立吃饭时，都会弄得满身满地都是饭粒。是的，没有收拾过饭粒的妈妈都不足以谈喂养。但很多妈妈一看到孩子吃得一片狼藉就会马上崩溃——又洗衣服又擦地，完全不如自己喂省时、省力啊！

可是要知道，刚开始学习一种技能，因为不习惯、不熟练带来混乱是必然的。但只要坚持一段时间，我们就会看到希望的曙光。如果担心他把食物弄得满地都是，下次在他的餐椅下边放上几张报纸，孩子吃完，一卷报纸直接扔垃圾篓，省得打扫卫生。担心衣服脏，就在饭前穿好易清洗的吃饭衣，脱下吃饭衣你会发现孩子依旧干干净净。

这样，孩子学到了技能、增加了自信；而你也慢慢解放了自己的双手、放松了心情。

你担心他吃不饱？想多了。因为知道饥饱是人类的天性，孩子也不例外。他不愿意吃说明他现在不饿，强喂只会让他对食物更加反感。

自主选择，才能更好地保护孩子的好奇心、探索心

曾有一位妈妈给我留言说，她给孩子买了多米诺骨牌回家，爷爷奶奶积极地给孩子拆包装、教孩子玩，一看孩子摆放的位置不对就马上插手。后来的常见场景就基本是这样了：老两口把牌摆放整齐，看着孩子哗啦一下全都推倒，接着齐声鼓掌说："宝贝儿真棒！"

孩子都5岁了，老两口不让孩子碰水杯，不让碰剪刀，生怕孩子有一点儿闪失。孩子出门一跑，爷爷奶奶就会跟在后边喊："慢点儿，别跑，当心摔着！"孩子和别的小朋友发生一点儿矛盾，爷爷奶奶就护犊子："我

们自己玩，不跟他们玩。”

眼见着孩子的好奇心、探索心就这样一点点被扼杀，这位妈妈却没法鼓起勇气去干预，因为爷爷奶奶做的这一切，都打着为孩子好的旗号。

现实生活中，这种大包大揽的长辈着实不少。他们想为孩子做好一切，处处想插手帮忙，可这种教育模式极大地限制了孩子自主选择能力的发展，让孩子失去了对事物的兴趣，扼杀了孩子的天性。

没错，孩子可能被照顾得很好，不会被磕伤、碰伤，但同时孩子也什么都不会，饭来张口，衣来伸手，出门不会和小伙伴相处，性格越来越孤僻、暴躁。

要知道，孩子的性格并非一朝一夕形成。他们会受到家庭环境的影响，并在日常的生活习惯中逐渐形成自己的个性。所以，家长应该在尊重孩子意愿和性格的基础上，培养孩子自己的事情自己做的习惯，比如让孩子自己收拾玩具、图书等，使孩子尝到成功的甜头，进而激发他们对独立的渴望。

孩子自立，才更加自信

家长事事亲力亲为，自己累得喘不过气来不说，孩子也得不到锻炼机会，慢慢会变成生活的旁观者。对孩子生活的过度介入，不仅会让他慢慢丧失独立生活的能力，更会给以后的生活造成影响：当他长大成人独自面对生活时，他会乱成一团糟，因为他根本不具备照顾自己的能力。

很多家长不相信孩子可以自己吃饭，不相信孩子可以自己玩游戏，不相信孩子可以自己处理朋友之间的矛盾。可是，你越想控制，孩子的成长就会越偏离你预定的轨道。

每个孩子都是独立的人，他们慢慢长大，会有自己的想法，他们一定不愿意自己的工作、爱情、生活都被别人控制，哪怕这个人是最亲爱的父母。

所以，不要再激动地冲孩子大喊“放着我来”，把成长的权利交还给他。他在这个过程当中必定会犯错，但唯有犯错才能不断成长。

只要我们保护好孩子对事物的好奇心和想象力，从洗碗、收拾玩具这种琐碎小事中给他动手、动脑的机会，虽然他们可能经常会做出一些让大人觉得笨笨的事情，但只要我们持续输出信任和鼓励，孩子的未来就一定会有更多可能。

每个孩子都是独立的人，他们慢慢长大，会有自己的想法。

不会打架就是懦弱吗？孩子被打了应该怎么办

> 每个孩子和世界相处的模式不同，
> 做家长的任务就是在正确引导的同时，
> 给孩子更多支持，从而激发出他们内在的勇气。

很多妈妈跟我讨论过关于孩子打架的问题。孩子被打了，到底要不要还手？这个问题在我看来其实挺复杂的，针对不同的场景，需要不同的处理方法。

一个从事乐高教育的老师来家里做客，我当时正在跟人谈事情，她就和六六在客厅玩儿了两个小时。后来她跟我说："六六是我见过的性格最温和的孩子，这种孩子很讨人喜欢，但现在的小孩子都太厉害，我担心六六在幼儿园会吃亏。"我笑了笑，这已经不是第一次有人跟我说类似的担心了。

的确，有些孩子可能天生性格温顺，因为家庭教育或者性格因素，他们在被欺负之后不会还手，更不会主动去抢别人东西，这是否说明孩子就是"包子"性格呢？

我先给大家讲一个"包子"姑娘的故事吧。

"包子"姑娘上幼儿园中班的时候，老师让两个小朋友搭伴儿跳舞，结果"包子"姑娘突然被对方卡住了脖子，老师发现后拉开了两个人。虽然老师批评了打人的小朋友，但那个被打的“包子”姑娘却再也不愿意上幼儿园了，因为她再也不想面对自己被打的环境。

“包子”姑娘的妈妈并没有强迫她必须回去跟卡她脖子的小朋友打架，也没有强迫她继续面对让自己有阴影的幼儿园，而是帮她分析了当时可以做出的各种选择以及带来的后果。讲清楚之后，让她自己选择。于是“包子”姑娘选择在5岁半时就上了小学，课余时间又被送去学习武术，虽然从来没动手打过架，但她因为豪爽的性格而被周围的小男生称为女侠。

“包子”姑娘渐渐长大，在卖鞋垫的老奶奶被城管欺负时，她敢冲上前去跟一群城管辩论，结果在群众的围观中，她辩赢了，城管走了；中学时代她开始一个人到全国各地旅行，从西藏到鸭绿江，各种恶劣环境里从没怕过什么。

谁能想到，这就是当初那个打不还手的“包子”姑娘呢？这个后来很勇敢的“包子”姑娘，就是我——六六的妈妈。

很多妈妈觉得自己的孩子性格太软弱，所以会很着急，其实真的大可不必。作为家长，除了言传身教就是观察。没有必要任何时候都去干预孩子的行为，当孩子做出选择时，也要尽可能地给予理解和支持。家长教孩子“有人打你，你就打他”没有太大的意义，有些孩子真的不擅长打架，还手后发现自己跟对方有很大的差距，只会越发怯懦和失去信心。勇气和信心是伴生的，帮助孩子扬长避短，找出让自己有自信的点或许更重要。

5岁时的那件事，对于当时的我来讲，真的是比较恐惧的事情，幸好它并没有影响我的成长。但如果当时六姥姥忽视我的意见，一定要送我回去跟那个姑娘硬碰硬地打架，或许人生就是另一番景象了。

六六刚上幼儿园时，看起来比我小时候还“懦弱”，永远安安静静、不争不抢的，我都做好了她被打后安慰她、保护她的准备了。结果，六六上幼儿园后，非但没有她被打找我哭诉的情况，反倒老师来交流了另一种情况："今天有个小朋友推六六，六六扳人家手指头，把小朋友都疼哭了。"

作为家长我吓得不轻，打架直取要害的方法，我从没教过，万一真用力过大把人家小朋友的指头扳折了，就算是自我保护那也是闯祸啊！于是我赶紧告诉她："保护自己可以，但不能扳手指头，也不要真的伤害到幼儿园的同学。"

有时候幼儿园的老师会让孩子们带玩具或者绘本去幼儿园，如果六六在玩别人的东西，玩具主人过来一把抢走的时候，六六会愣一下但并不多说什么；可如果被抢走的是六六自己的东西，她会果断地抢回来，偶尔也会轻微地推搡别人。

虽然六六是班里年纪最小、个头也最小的女生，但如果有人打她，十有八九她会打回去。有一次，我们带她出去玩，同行的那个比她小1岁的轩轩弟弟被别人欺负，她冲上去保护了弟弟。或许正是那份坚定和勇敢，使得欺负轩轩弟弟的大孩子最终向她让步了。

你看，我和六六就是完全不同的孩子，我和六姥姥面临的也是不同的苦恼。

正因为孩子的性格差异大，所以没有所有孩子都适合的方法，但有一点是家长都应该坚定的：尊重孩子最本能的选择。孩子之间打打闹闹很正常。孩子爱动手，也许只是一时不高兴或者是得不到理解，也许只是不知道如何表达自己的情绪，也许只是好动而手下没有轻重。在事态不严重的时候，与其纠结如何引导孩子去对待这些问题，用条条框框去影响他们，不如让他们用自己最真实的感受去判断。是还手，还是忍让，这是一种本能。

用平常心看待，多给孩子一点儿时间，尊重他们面对矛盾时最本能的选择。当然，如果预测会出现严重后果，那就要及时做出干预。

有段时间在朋友圈讨论时，有个妈妈说亲眼看到一个小男孩被打后不愿意还手，爷爷逼他还手时一直在说“看你窝囊的”“胆小鬼”之类的话。孩子之间打架本来没什么，可是家人的逼迫，以及还手不成功反而又被打的过程，对孩子造成的伤害可能会更大。

针对孩子在人际交往中可能遇到的暴力冲突，我的建议是：

- 与孩子一同分析当下情势，分析每一种选择的利弊，尊重孩子的最终决定，并告诉他需要承担选择带来的后果。简单地跟孩子说“你不能打”和“你必须打回去”，都不是最好的解决办法。孩子们性格不同，家长应该采用的引导方法也不同。

- 保护孩子的自信心。每个孩子都有闪光点，我们需要找到孩子的优点多鼓励。

- 孩子之间的问题尽量让孩子自己解决。有时候在大人看来很严重的冲突，在孩子眼里只是游戏。家长可以视情况适度干预，如果真有孩子做得太过分，家长也可以私下找老师或者对方家长谈谈。

- 一定让孩子注意躲避危险工具，有些“熊孩子”打架的时候完全不会考虑后果，用铅笔、筷子乱戳，面对这些危险的情况，要告诉孩子保护自己是最重要的事情，有多远就离多远吧！

我们常常教育孩子不要打人，为的是孩子能成为一个温柔和善的人，受到周围人的喜欢。可如果过度教育导致了孩子在被打的时候，不是不愿还手而是不敢还手，因为怕妈妈生气，怕自己变成坏孩子，那这样的结局会更让人心痛。

在被他人欺负时，应不应该还手暂且不说，但我们要清楚地告诉孩子：“宝贝儿，不要随便去伤害别人，但也不能让别人随便伤害你。”

育儿的过程其实是在给孩子传达自己的世界观和价值观。对我们表达爱和善意的朋友，我们要真诚回报，哪怕只是一个羞涩的微笑或是一声真挚的感谢；对我们施以欺压和恶意的人，我们同样有权选择还击的方式。

引导孩子礼貌、宽容，但并不需要他做一个压抑自己情感的人；告诉孩子打人是不对的事情，但同样需要他知道，不必为了做一个所谓听话的好孩子而去委曲求全。

如果孩子受到了伤害，父母不用急着帮孩子讨回公道，最需要做的便是对孩子说温暖的话，让他知道爸爸妈妈永远站在身后支持他。在冲突升级之前，让孩子自己来选择对这场“战争”的应对方式。

日本动画大师宫崎骏说：“被一个人深深地爱着，将给你力量，而深深地爱一个人，将给你勇气。”孩子的勇气往往来源于充足的安全感，被父母深深地爱着，便有了对抗的力量。

孩子深深地爱着父母，便有了解决问题的勇气。我们总在说要有良好的亲子关系，就是因为爱能带来力量和勇气。

即便是孩子，也会有着自己的气场：你打我或者抢我东西，我也许会还手，也许不会。但是，我不爱动手，并不代表我就可以被随便欺负；我不爱打人，并不代表我没有能力保护自己。而这种气场很可能就来自家长所给予的力量。我问过六六为什么面对大孩子她还敢冲上去保护轩轩弟弟，六六说：“他欺负人是不对的，我不怕他是因为有你们保护我呀！”

爱是最好的教育。六六的行为和想法让我很感慨，每个孩子和世界相处的模式不同，做家长的任务就是在正确引导的同时，给孩子更多支持，从而激发出他们内在的勇气。也希望在他们成长的路上，这份孩子气的无知者无畏，最终可以变成理性的勇者无惧。

明知道孩子在犯错，你敢让他继续下去吗

> 我们做父母的，应该在安全的范围里尝试对孩子放手。
> 试错并不可怕，只要孩子能有收获与改变，就是值得的。

有很多朋友问我："总说别随意干预孩子，可明知道孩子在犯错，能不管吗？"这个问题的确戳中了很多人心里的痛点，包括我自己：看着六六在犯错的时候，我能做到放任不管吗？

相交十几年的闺密前一阵跟我说，最近在跟6岁儿子斗智斗勇的过程中她老占下风。刚上小学的孩子每天都有作业要完成，可每天都磨磨蹭蹭不肯好好写，需要她不停督促才能完成，常常耗到10点多才能睡觉。孩子睡眠不够，第二天起床困难，上课打瞌睡，老师找了她好几次，说这样下去孩子的学习成绩会受到很大影响。

闺密很头疼，问我这种状况该怎么解决。看着闺密一脸苦闷，我故意用轻描淡写的语气说："不如不管他，写作业是他自己的事情，让他自己承担后果，也许就好了。"

或许是没想到我会这么说，闺密愣了一下，问我："真不管他，他要是以后真就不写作业了，这种错我们敢让孩子犯吗？"

我笑了笑说："试一次看看，放宽心，没什么大不了的。"

好好照顾孩子，其实我们都不难做到，但是适度放手，让孩子自己去

体验挫折与痛苦，却需要很大的勇气。

说到放手，我想到六六的一件小事。她刚学会穿鞋的时候，总分不清左右脚，时不时就穿反了。最开始我怕她不舒服会帮她纠正，可是后来我发现，如果鞋子是六六自己穿好的，我坚持帮她换的话，她会觉得受挫而生气哭闹。后来，我索性不再管她穿鞋这件事情了。

鞋舒不舒服，脚自然会知道。在我不管之后，六六穿反过几次，还走了挺远的路，然后就小声跟我抱怨脚疼，脱下鞋子一看脚都红了。这时，我没有“落井下石”地说：“你看你不听我的，这回知道错了吧？”而是特别淡定地让她自己换回来。看着她一言不发却拿着两只鞋子来回看的样子，我确定她下次一定知道怎么穿鞋了。虽然现在她偶尔还会不小心把鞋穿反，但绝大多数时候，她已经不会穿错了。

这样的处理方式一部分是我做妈妈的直觉，另一部分也来源于我此前看过的一个育儿理论——“自然后果法”。

“自然后果法”是法国著名的教育家卢梭提出来的。他说：“对儿童的过失不责备和处罚，而利用过失的自然结果让儿童自己去体验结果，从而自省、自悟，并自学改正，从经验中得到教训。”

在我看来，“自然后果法”的精髓在于两个方面：一是敢于放手让孩子去体验，用后果来引导孩子不再犯错；二是懂得不过度干预，不要对这个后果借题发挥。

之前我对六六穿反鞋子这件事情的处理方式，采用的就是“自然后果法”。而这一方法在家庭教育的很多方面都可以用，比如孩子贪玩不肯吃饭那就不吃，明确告诉孩子这顿不吃就得饿到吃晚饭的时间；比如玩具丢得到处都是，下次想玩儿的时候就可能再也找不到了。这一方法教会孩子自己承受后果，解决问题。

如果一开始我强硬制止六六反穿鞋子，她的体验不是脚会疼，而可能是我不让她做这件事情的逆反心理。可要是我不干涉她，她反穿鞋子走的时间一长，疼的是自己的脚，她的感受告诉了她之前那样做是错误的，会让自己不舒服，自然而然就改正错误了。

没有哪个爸妈会舍得自己的孩子受委屈、受伤害，过度保护是我们常常在不自觉中就会做出的行为。如果明知道孩子会犯错，我们是否还舍得让她吃亏呢？这对家长来说是一个考验。

虽说我很认可“自然后果法”，人生的路需要自己走，自己吃过的亏自己才更清楚，但“自然后果法”对有些事情还是不适用的。比如下面这些情况。

当孩子处于危险之中

不是所有的事情你都可以眼睁睁地看着孩子犯错。有位朋友说他们幼儿园里的一个孩子跟家长外出，非得在电动扶梯上跑动，一不小心摔倒了，手被卷进去了。后来紧急送到医院也于事无补，右手手指因坏死而截肢了。这种后果谁都承受不了，生命的脆弱是经不起我们放手让孩子犯错的。

孩子的行为会对别人产生伤害

六六小时候有一阵子会乱扔东西，我们告诉她这样会伤到别人，可是她振振有词说不会。于是有一次，六爸假装被她砸到了，偷偷把自己额头搓红了给她看，表示六六差点儿把爸爸眼睛砸伤了，眼睛要是砸伤了就不能带她出去玩儿了。六六马上就知道错了，从那以后基本不会乱扔东西了。

不能伤害到别人和前一条同样重要，因为没有任何人的安全可以拿来当经验教训。

孩子觉得不重要的问题

孩子爱吃垃圾食品，爱看动画片，爱玩游戏，他们会在这些事情上找到很大乐趣。如果我们放任自流，让孩子承担自然后果，那肯定是不行的。孩子只会玩儿得越来越兴奋，所以，该出手的时候还是得出手。

现在的家庭教育当中，家长都不敢让孩子犯错，怕一步走错以后就没有改正和回头的机会。可是，成长是孩子自己的事情，即使我们再想帮助，也无法代劳。

经验是我们每一个人成长的重要部分，尽管我们很想直接告诉孩子我们的人生经验而避免孩子犯错，但我们的经验无法替代孩子自己走一次弯路的体验，这就是所谓的“体验式成长”。

“自然后果法”中的“自然”，就是让孩子顺应自然规律去成长，做得好当然会有奖励与好处，做得不好就要有承担后果的心理准备。在小困难面前我们放手让孩子摔几跤，是为了孩子长大以后避免在大的选择面前走错路，也是为了孩子能更顺利地应对复杂的生活，这才是“自然后果法”的要义与目的。

我们做父母的，应该在安全的范围里尝试对孩子放手。试错并不可怕，只要孩子能有收获与改变，就是值得的。把心里的弦和手上的线松一松，也许你会惊喜地拥有飞得更高的风筝。

孩子见人不愿意打招呼怎么办

> 礼仪需要孩子花时间去学习和体会，
> 而我们要做的就是给孩子更多一些时间，慢慢来。

有个朋友曾经向我倾诉她的苦恼：“我家儿子2岁半了，他有个毛病就是不爱打招呼。平时我一直是以引导为主，觉得逼迫孩子也不太好。可今年春节回家，孩子跟谁也不打招呼，这让我感到很尴尬，而且我老妈把这事上升到很严重的地步，说3岁看老，孩子这么没有礼貌，再不改正就来不及了。”

平日里能说会道的孩子，见了不太熟悉的人就不爱打招呼，这应该是很多家长都会遇到的问题。对这个问题，大家都感到既困惑又矛盾，尽管我们常常教育、提醒，但孩子依旧不爱跟人打招呼；可同时家人又觉得不打招呼是没礼貌的表现，从而也影响到了对孩子的看法和评价。

为什么孩子会不愿打招呼

这个原因其实很简单，看看自己就知道了。你在大街上碰到不太熟悉却又彼此认识的人时，会发自内心地想去打招呼吗？那声“你好”和寒暄客套是发自内心还是出于礼貌呢？你在陌生人面前是否常常会感到紧张、尴尬和害羞呢？

而你要求孩子见个陌生人就要问好，上来就要亲亲抱抱。对他而言，这个要求确实有点儿高。

六六2岁多的时候，我带她去朋友家玩，一进门朋友就对六六表现得很热情，又递水果又塞玩具的，可六六并不领情，面无表情，不肯亲近。

我对六六说：“这是妈妈的好朋友，也可以和六六做好朋友，阿姨很喜欢六六，叫声‘阿姨好’吧？”然而各种糖衣炮弹之后，六六依旧一声不吭。“随她吧。”我没再多说什么。

我和朋友开始窝在沙发上聊天，六六充满好奇又小心翼翼地观察着这个新环境，这儿看看，那儿摸摸，时不时地问一句“这是什么”。朋友都很温柔地予以回应。

过了大约半小时，六六似乎开始放松了，满屋子跑起来。朋友找来了一个小皮球，我们3个人一起玩儿推球、丢球的游戏，六六咯咯笑着，玩儿得满头大汗，朋友把她搂在怀里擦汗，她也没有拒绝，和进门时那副“生人勿近”的样子完全判若两人。

离开的时候，六六主动挥着小手和朋友说“拜拜”。朋友说：“刚开始我还以为六六不喜欢我呢。”我说：“不是的，她只是需要一些时间。”

孩子需要时间来熟悉那些原本不太熟悉的人，建立好感和信任；孩子也需要时间来克服恐惧和害羞的情绪，将打招呼变得更加自然而然。我们能做的，就是给孩子那些适应的时间。

如何加以正确引导

不强求不等于放任不管，有的放矢地引导才是更好的帮助。关于如何引导孩子打招呼，我总结了“三要三不要”的小技巧，分享给大家。“三要”分别是以下三种方式：

一要以身作则

有一次，六六看我拿着手机跟人打电话说“你好”，也跑去和她所有的娃娃挨个儿说“你好”。孩子都是有样学样，我们碰到熟人主动热情地打招呼，孩子在耳濡目染之下，也会感受到愉悦的气氛，慢慢接受打招呼这种行为。

二要事前沟通和事后鼓励

如果是有计划地去朋友家做客，我会提前告诉六六我们将会见到谁，并和她商量，一会儿见面了要主动打招呼。如果六六跟人打招呼了，我会表扬她，并鼓励她下次还这么做。充分的事前沟通可以让孩子做好心理准备，及时的事后鼓励会让孩子感到获得了肯定，逐渐就更有打招呼的热情了。

三要用好绘本来讲道理

我给六六读了一些鼓励小朋友打招呼的绘本，比如《你好》《我会打招呼》《打招呼的花园动物》等，六六看了之后就总爱模仿书里的情节。好的绘本也是好的老师，给孩子看些行为习惯养成类的绘本，生动可爱的卡通形象会让孩子更加愿意去学习和模仿。

而家长做到“三不要”，同样非常关键。

一不要强迫甚至威胁

有些妈妈喜欢威胁孩子：“你再不叫‘阿姨好’，我就不给你买玩具了。”孩子不但没遂妈妈的心愿，反倒哇的一声大哭起来，弄得场面很尴尬。小孩子是不懂得权衡利弊的，也不懂得大人的那些玩笑，过分的强迫和威胁只会使得孩子加重逆反心理，这样再教育起来就更难了。

二不要在人前批评

我曾经犯过这样一个错误。有一次六六见我朋友时不愿打招呼，我随口说："这孩子就是这样，从来都不爱打招呼，教了也不听。"真是无心的一句话，却见六六瘪着嘴委屈得不行。瞬间我就知道是我做错了，孩子虽小但也是有自尊心的，人前批评对教育没有一丁点儿的效果。

三不要妄下定论

不要跟孩子说"不打招呼就不是好孩子""不打招呼妈妈就不喜欢你了"这类话。是不是好孩子跟打招呼并没有必然联系，妈妈的爱更不会因为这一行为而有丝毫改变。妄下定论伤的是孩子的心，不当话语的多次叠加，伤害也会成倍增长。

打招呼真的重要吗

家长们都乐于看到孩子主动跟人打招呼，但孩子却常常不能遂父母心愿，这让一些家长很是恼火。不打招呼就说明孩子不懂礼貌、没有教养吗？不是的，这只不过是家长们的虚荣心作祟而已。

带出去的娃就好像展示出来的作品，每个家长都希望孩子光彩照人没有一丁点儿瑕疵。可别忘了，他终究是个孩子，会有情绪，会犯错误。更何况打不打招呼这件事本身并没什么了不起，也不能说明孩子日后的性格特点。回家问问妈妈，你小的时候见人就从来没怯场过吗？长大后不也是性格、礼节各方面都很好吗？

所谓的“面子”无须太看重，尊重孩子的内心，接受孩子的一切表现，这样才能养好孩子。

总之，对待孩子不爱打招呼这件事情，要懂得孩子的内心，要理性地讲究策略，也要淡然地看待。礼仪需要孩子花时间去学习和体会，而我们要做的就是给孩子更多一些时间，慢慢来。

孩子需要时间来克服恐惧和害羞的情绪，将打招呼变得自然而然。

“这是我的东西，凭什么要和你分享”

> 我们强迫分享的时候，到底是教会了他们道理，
> 还是自以为是地替他们擅作了主张？

有一次，我在朋友圈跟姐妹们讨论“分享是什么”，她们给出了下面的看法。

“分享就是不吃独食。”

“分享就是愿意把自己的玩具拿出来跟别的小朋友一起玩。”

“分享就是不能自私，不能小气，否则就不是好孩子。”

“分享是有教养的体现，家里来了小客人，孩子不愿分享，大人的面子完全挂不住呀！”

曾经的我也是这样认为的。从六六很小的时候开始，我就一直有意引导她与别人分享自己的玩具、零食、绘本等，而且越是她心目中的宝贝，越是让我觉得这份分享特别有价值。在我看来，孩子拥有乐于分享的美德，不仅有益于她未来的思想成长和社会交往，也满足了我这个妈妈的面子和私心。

然而随着六六逐渐长大，自我意识越来越强，我渐渐发现，她常常在被要求分享的时候，虽然表面选择了顺从、听话，但纠结的眼神和迟疑的行为却表现出极大的不情愿。

有一次，我和六六在商场碰到一个朋友带着她家3岁多的小男孩。六六当时手上拿着我从日本给她带回来的陶瓷小猴子，小男孩很感兴趣，靠近后直接从六六手上拿过去研究。朋友责怪她家儿子："你怎么能抢妹妹的东西呢？"

如同很多家长一样，我为了缓解尴尬气氛和表现出慷慨大方，赶忙笑着说："没关系的，六六愿意把小猴子分享给哥哥玩，对吗？"六六撇着嘴点了点头。

我知道这个小猴子是六六那段时间最喜欢的玩具，但是由于我们平日总教育她要乐于分享，她最终没有拒绝我的分享建议。这样的表现也让当时的我很满意。

我和朋友闲聊了几句，忽然看到小男孩小手一松，玩具小猴子摔在了地上，随之而来的是六六一声惶恐的尖叫。捡起来一看，玩具小猴子的脚丫摔破了。最后我跟朋友客套着寒暄几句各自走开，可我分明看到六六一直心疼地握着受伤的小猴子，眼角泛出泪光。这一瞬间，我仿佛忽然明白了些什么。

我们一直以来坚持的"分享教育"究竟是对还是错呢？正在我对分享教育进行反思的时候，又发生了一件事情。

六六去一个小朋友家做客，那个小女孩的妈妈特别热情，给六六拿了很多好吃的东西，并且把小女孩的玩具拿出来给六六玩儿。可是小女孩忽然抱着自己的玩具对妈妈说："这是我的！"小女孩的妈妈说："你要乖哦，和别人分享才是好宝宝。"小女孩坚决不同意："我不愿意，这是我最喜欢的。"这个妈妈接着耐心地说："把那个玩具和六六姐姐分享可以吗？"小女孩依旧不同意："那也是我最喜欢的！"

这时小女孩的妈妈可能是面子上有点儿挂不住了，对小女孩的语气变得严厉起来："你怎么这么不听话，我平时怎么教你的！"小女孩有些委屈，眼泪汪汪地抱着玩具不撒手。六六在旁边也感受到了这种气氛，有些不安。我赶忙打岔说："我们一起来跳舞吧？"

在音乐的氛围下，两个小朋友很快放松下来。再过一会儿，两个小朋友就头挨头地在玩儿小女孩刚才死活不肯分享的玩具了。

这时我终于领悟：分享的真谛是发自内心去给予，是一加一大于二的快乐，不是深深的担忧与不舍，也不是为了礼貌和面子而做出的妥协。

孩子的世界是单纯的、透明的。我们总是在送孩子礼物或是给他买玩具、衣服的时候跟他说："这是你的！"却又在希望他们分享的时候跟他说："你不可以独占，应该拿出来和小朋友一起享用。"

这是什么逻辑？孩子们怕是早已搞不清什么是"我的"，为何"我的"一定要变成"大家的"？"这是我最喜欢的，如果其他小朋友不爱惜，弄坏了怎么办？如果不还给我了怎么办？"我们往往忽视了孩子的想法，而是站在自己的角度，去强迫孩子的意愿，用"乖孩子""坏孩子"的标签来捆绑他们的情绪。

换位思考一下，试想，如果我们在饥饿的时候一份美味佳肴放在面前，旁边却有人要求分享这盘美食，我们是什么感受？如果我们省吃俭用很长时间后终于买到了一个新包，有一个人蹦出来说是朋友就要一起分享，我们会舍得吗？

成人尚且做不到的事情，又何必打着"分享是种美德"的旗号去强迫孩子呢？我们强迫分享的时候，到底是教会了他们道理，还是自以为是地替他们擅作了主张？

分享就是乖，不分享就是不乖，这是成人强加给孩子的霸道逻辑。如果是这样，我不想六六成为一个没有主见、不快乐的乖孩子，而是更希望她可以表达自己的喜好，可以替自己的东西做主，哪怕只是一个廉价的小玩具，哪怕是一件小了的旧衣服。

2～3岁是孩子的物权敏感期。有些小朋友1岁多就有强烈的意识，自己的东西不许别的小朋友碰，开口闭口都是：“这是我的！”甚至看到心仪的东西就要据为己有。

这种时候家长既不能一味地顺着他、由着他，也不能过分地苛责孩子，而是要善于引导，让他真心地去体验分享带来的乐趣。被动分享，只会让孩子产生抵触心理，甚至会让孩子更讨厌分享这一行为，从而变得自私。只有当孩子发自内心喜欢分享，他们才会真正感受到付出和获得的美好，体会到真挚友情的妙趣。

如今，六六依然会有不愿意跟别人分享自己玩具的时候。我改变了以往的强硬态度，会蹲下来征求她的意见：“妈妈知道这个玩具是六六珍贵的东西，小朋友也很喜欢，你愿意和她分享，一起玩儿你的玩具吗？”

如果她愿意，我会欣然看到她去享受分享带来的喜悦。如果她不愿意，那也没什么大不了，这是她的东西，为什么一定要分享呢？

输，不可怕；输不起，才可怕

> 我们的生活有坦途，也有挫折，以什么样的心态来面对，
> 一定程度上决定了生活的幸福程度。

一天下午，我去幼儿园接六六回家。老师拉着六六，亲自把她送到了我的手里，带着满脸的歉意跟我说："六六妈妈，六六下午和小朋友因为抢玩具的事情打架了，实在对不起，我们老师没有照看周全。"

其实在六六刚走出教室的时候，我就看到了她脸上那道不深不浅的抓痕。虽然心疼，但我也明白，孩子间打打闹闹是难免的事情，无大碍就好，更是怪不得老师。

也许是看到我并无过激的反应，老师逐渐放下心，跟我聊了起来。说事后询问了孩子们，大概摸清了当时的情况。

六六和一个小朋友在游戏区同时看上了一把椅子，六六动作快先坐了上去，那个小女孩想拉六六下来，六六不让，小女孩就猛地挠了六六的脸，留下那道抓痕。六六什么也没说，一把推过去，小女孩一个踉跄坐在了地上。

小女孩哭着跑去找老师告状，而六六依旧坐在那把椅子上，没有哭也没有说话，除了脸上那道渗出血的抓痕之外，好像什么都没发生过一样。

老师说："要不是后来问清楚缘由，我真不敢相信六六是那个后动手

而且还伤得相对较重的孩子。她不哭也不告状，内心真够强大的。”

晚上给六六洗脸时看着那道伤口，我很心疼，问她：“疼不疼？”六六说：“不疼。”我问：“小朋友打你了，会不会难过啊？”六六摇摇头。

六六从小就是个内心强大的“女汉子”。之前有好几个人跟我说过六六内心强大，原本我也没当回事，后来收到一些关于询问如何培养孩子强大内心的留言，再加上六六在幼儿园的这件事，我认真地思考了这个问题。回想起六六成长中的一桩桩事情，我想六六成为内心强大的孩子，虽然我没有刻意培养，但与下面几点大概是分不开的吧。

有明确的是非观

一直以来，我对六六坚持的都是爱与规则并重的教育模式。我会在一定范围内给她相当大的自由空间，但立了规矩的事情轻易不妥协。

虽然很多时候我说“不可以”她也不见得会听，但在僵持不下时我会选择尝试其他方式引导她放弃做“不可以”的事情，而不是放任她去打破界限。

除了在平时的教育中明确讲述是非观之外，家长以身作则地去践行也非常重要。比如和六六一起过马路的时候，我常会跟她讲：“绿灯时走过去是对的，红灯时走过去是不对的。”每次就算马路上没什么车辆，我也都会坚持等到交通灯变绿了才通行。所以六六现在特别遵守交通灯，偶尔看到有人闯红灯，她不会迷茫自己是否应该跟着闯，而是会对我说：“那个叔叔做错了。”

只有以身作则地说到做到，才能让孩子真切地明白，究竟什么是对、什么是错。如果父母言行不一致，孩子很容易混乱，是非判断逐渐变得不明确，从而少了坚定，多了困惑和迷茫。

家长教育模式的持续性

家长教育模式的持续性也很重要，对错的标准长期保持不变，才更容易让孩子接受和信任。对待打架这件事情，我一直教育六六，不可以主动打别人，但是如果别人打你了，是否还手由你自己决定。

这是我认为比较客观合理的一种方式。因为不主动打人是教养，至于是否还手，需要区别对待不同的情况。如果要求孩子绝对不能还手，那么或许他心里的憋屈情绪无从发泄，积压太深未必是好。如果坚持要求孩子打回去，那么如果与对方实力悬殊太大，孩子很可能遭受更大的伤害。

我相信孩子会有自己的处理方式，也许今天打打闹闹，明天就又是好朋友了。所以大人无须过多干预，有时候只在旁边静静观察就好。

或许六六在抢椅子的事情中，正是因为坚信自己没有先动手就没有做错，虽然还手了，但坚信自己回家后不会挨骂，所以才没有哭，并保持淡定继续自己玩儿的主要原因吧。

正确认识自己的短处

正确认识自己的短处，也是自信的外在表现，真正有自信的人才能做到既不自傲，也不自卑。

六六在北欧旅行的时候，有一次和同行的一个7岁小女孩比赛跑步。不出我所料，六六输了。六六本就比她小3岁多，而且也不是运动达人，比赛跑输了，太正常不过。

当然这个结果六六是难以接受的，明显地表现出难过的情绪。我问她："六六为什么跑输了呢？"她说："因为姐姐比我大。"我说："这确实是一个原因，却不是最主要的原因。你虽然有很多长处，比如诚实，乐于助人，喜欢唱歌、跳舞、画画，而且很有想象力，但是呢，你个子不够高，身体也不够壮，运动能力不强是你的短处。"

充分肯定长处，毫不避讳短处，接受不完美的自己，才能更加明白弥补和努力的方向。之后我告诉六六，好好长个儿，好好锻炼，运动能力会越来越棒的。我想让她明白，每个人都会有短处，努力提升就好了，某一方面不如人并不是一件不能接受的事情。

赢得了更要输得起

每到周末，六六最大的期待就是去绘画班。她很喜欢画画，一支笔就能描绘出小脑瓜里的大世界。

在一次绘画课上，老师布置了一个主题作业：观察动物，画出小动物吃东西的样子。六六可上心了，第二天就拉着我去动物园，看到有动物吃东西就专心地看着。回家后她便开始涂涂画画，最后满怀期待地交了作品。老师精选了几幅小朋友作品做成展板，我们站在展示区前，左看右看，却没有找到六六的画。

"六六会很沮丧吧？"我想。毕竟她付出了很多的心血，而且她在绘画班里一直是被老师拿来表扬的孩子。于是我对六六说："每个小朋友都画得挺好的，六六这次画得也很不错，咱们可以学学展示区里这些画得好的地方，以后就会画得更好了。"六六仿佛并没有听我说话，而是自言自语地说道：“嗯，这几个小朋友确实比我画得好，我还要加油啊。”

输，不可怕；输不起，才可怕。我想，从北欧那次跑步比赛开始，逐渐能平和看待自己缺点的六六，已经开始慢慢理解了：输赢并不那么重要，赢得了也输得起，每一次都有收获，才是最好。

这就是我把女儿养成“女汉子”的故事，当然，这些小经验也并不仅限于女孩子。

每个人从小到大都会经历许多事情，喜悲交替，我们的生活有坦途，也有挫折，以什么样的心态来面对，一定程度上决定了生活的幸福程度。我们希望孩子长大后能够处事不惊，没事不惹事，有事不怕事，明辨是非，乐观向上，那么在平时的教育中，就要从点滴之处着手。不必过于出头，也不必使人畏惧，内心平和，自然强大。

Chapter 5

学习力养成：给孩子最好的方法

当孩子说不喜欢了，兴趣班应该坚持还是放弃

> 在我看来，在做出最终选择之前，家长应该先想想，
> 孩子为什么会说不喜欢这个兴趣班。

有很多妈妈都问过我这个问题：“给孩子报了兴趣班，可孩子上了两堂课就死活不肯去了，我该怎么办？”虽说六六一直都是非常热衷于上绘画班和舞蹈班的，但在给她报名之前我也经过了一段时间的四处请教与自我思考，也做好了“万一六六不喜欢”的心理准备。在我看来，在做出最终选择之前，家长应该先想想，孩子为什么会说不喜欢这个兴趣班。

“我并不喜欢这个兴趣班，是我妈非让我学。”

在一次等着上试听课的时候，旁边一位妈妈兴致勃勃地跟老师交流：“现在的孩子条件太好了，什么都可以学，哪像我小时候，想学古筝家里不让，说太贵。学古筝多好啊，特别古典、有韵味，现在我一定要让孩子学，多贵都要学。”

我看了看那位妈妈，再看看她旁边明显提不起兴趣的小姑娘，直觉她可能学不长久。因为看起来妈妈似乎并没有跟孩子充分沟通过，没有考虑过学古筝是不是孩子的兴趣所在。

后来我在这家机构给六六报了绘画班，一次偶然的机会，碰到那位妈妈来前台咨询是否可以退课，说是小姑娘不肯上课了，拿她没办法。把自己的意愿加在孩子身上，期盼通过孩子来完成自己的梦想，又有多大可能会梦想成真呢？

“我妈对我要求太高了，我做不好，不想学了。”

朋友的女儿从小就喜欢音乐，5岁的时候自己提出想学钢琴，朋友二话不说便给女儿购置了钢琴，报了钢琴班。

刚开始小姑娘还饶有兴趣，可没过多久，就哭着喊着不要练琴了。朋友很生气，跑来跟我哭诉：“我投入了这么多钱和精力，天天陪着她练琴，一个音一个音地抠，她怎么就是没人家弹得好呢？更过分的是，明明是她自己要学的，这才多久，就不愿去上课了！”

我问朋友：“你有没有想过，是不是你给了她太大的压力呢？你没完没了地将你的付出挂在嘴上，和你对她过于严苛的要求，以及并不恰当的攀比，都会让孩子感到学钢琴这件事是充满压力的，甚至磨灭了对弹钢琴原本的兴趣。”

本来很有兴趣的事情，却被家长加载了更多的压力和功利目的，孩子又怎能自如地去感知那个奇妙的世界呢？

“我不想去上课了，因为我不喜欢这个老师。”

孩子上兴趣班的时候，接触最多的就是老师。老师的引导是否得当、是否契合她的性格、孩子能否跟上老师的节奏等因素，都有可能影响孩子的感觉与状态。

给孩子挑选兴趣班时，我们可以先上试听课，然后跟孩子进行沟通，询问孩子对老师的印象，避免因为老师的原因打消了孩子的兴趣，或是限制了孩子的发挥。

如果孩子真的说不喜欢，那是坚持还是放弃？针对不同的原因，我们可以做出不同的应对。

多和孩子聊聊，真的没兴趣就选择放弃

每个孩子的兴趣不同，特质也不同，静下心来多和孩子聊聊，也许年幼的孩子并不能完整地表达什么，但多聊几次，我们就能慢慢深入孩子的心灵世界。同时也可以多观察孩子，分析他厌倦的原因，如果真的对这项内容没兴趣，选择放弃也未尝不可。

不要轻易给孩子贴上“没有毅力”“不能吃苦”之类的负面标签，不喜欢学一样东西并不是什么大错，每个人都有自己的喜好，明明没有兴趣的事情还要苦苦地坚持，对谁来说都不是享受的事情。放弃兴趣班，我们放弃的只是孩子上某个兴趣班这种固定模式，而不是放弃了培养孩子对其他事物的兴趣，更不是放弃了对孩子的认可。

和孩子一起克服困难，懂得鼓励和减压

孩子在学习新事物的过程中，必定会遇到各种困难。遇到困难无法解决时，孩子就会觉得自己做得不好，从而产生畏难、惶恐的情绪，甚至影

响自信心，想要放弃。这个时候就需要我们帮一把了，我们需要给予及时的鼓励，告诉孩子坚持不一定有结果，但是不坚持肯定没有结果。

引导孩子回忆最初的热情，陪孩子一起克服困难，多跟他说“好棒啊，又进步了”“你比昨天更熟练一些了”“妈妈为你骄傲”之类鼓励的话语，别给他施加过大的压力，更别拿他跟别人做无谓的攀比。坚持一段时间，让孩子在学习过程中获得成就感，自然也就加大了继续学习的动力。

根据孩子的需求调整教学方法或是更换老师

如果孩子不愿去上课不是因为对兴趣班本身丧失了兴趣，而是因为不喜欢某位老师和他的教学方式，我们可以去和老师聊聊，询问孩子在兴趣班上的表现，与老师交换意见，寻找更适合孩子的教学方法。绝大多数老师都是希望每一个孩子都能学好的，所以一般来讲，老师们都会乐于与家长配合，以达到最好的教育效果。如果确实需要，也可以与培训机构沟通更换老师，或是更换培训机构。

明确看待兴趣班定位和引导孩子的兴趣

兴趣班的前提是孩子有兴趣。这里家长要有原则，不能看着隔壁老王家孩子去学钢琴，每天传来悠扬的琴声，就逼着自己家孩子去学，更不要奉行“谁一开始学琴不是逼着去”的态度。

兴趣班一定不要成了“拖累班”

孩子的兴趣除了自由发展以外，合理的引导和观察也很关键。我们应该多观察孩子，发掘孩子的天赋。我一个朋友发现自己家孩子说话很早，记忆力也很好，便买了很多绘本，引导孩子读故事、复述故事、编故事，父母有意识地往演讲、文学方面进行培养和引导，那么孩子日后或许就容易在这些方面有所成就。

理性看待兴趣班

家长们总想让孩子琴棋书画样样行，有时孩子一时冲动和跟风，可能会提出要去学画画、学钢琴，但学了一半就觉得没兴趣了。这时，家长要记住术业有专攻，样样都行可能到最后是样样不行。我们一方面要鼓励孩子坚持，克服在学习中遇到的挫折；另一方面让孩子减掉一些项目未尝不是件好事。

孩子是不是真不喜欢某个兴趣班，我们需要仔细分辨。其实不光是孩子，我们自己在遇到困难的时候，也容易放弃。而孩子的表达能力有限，通常是用最简单的“不想学了”“不喜欢”来应付家长的询问。但实际上他们可能是暂时没有办法从中获得成就感，失去继续学习的动力，需要家长的鼓励；也有可能是他们真的对这个没有兴趣，我们不必强迫。

我们要学会倾听孩子的内心，而不只是单纯地听孩子表面说出的话。当孩子说不喜欢了，兴趣班到底是应该坚持还是放弃呢？充分沟通，因材施教，这就是我的建议。

那么贵的早教班，到底要不要上

每个孩子都是不同的个体，每个家庭都有不同的情况。
所谓值不值是个主观感受的问题，
我们不妨先分析一下上早教班的付出和收获，再来做决定。

我曾经收到一位妈妈的留言："我家住在三线城市，孩子1岁的时候开始送他去上早教班，一是因为孩子爸爸工作忙没时间陪伴孩子，我觉得孩子缺少父爱，想多补偿；二是觉得别人的孩子都上早教班，自己孩子为什么不上呢？于是我给孩子报了一个比其他早教班贵很多的国际早教班。一年下来，没感觉孩子有明显的进步，但我很享受上课的过程，觉得是很不错的亲子时间。现在要续费了，孩子爸爸反对继续上早教，他认为孩子要上幼儿园了，不要周一到周日都奔波，周末一家人可以到处走走。他还说早教班上了快一年，感觉翻来覆去就那些内容，半个小时100多块钱的投入很不划算。六妈，你给六六报早教班了吗？关于早教，你怎么看呢？"

早教班一直是个充满争议的话题。同样的早教班，有些家长说很有用，孩子会获得很大的提升；也有些家长却觉得完全没用，根本就是浪费钱。于是很多人会产生和这个妈妈一样的疑问：那么贵的早教班，到底有没有必要上呢？

每个孩子都是不同的个体，每个家庭都有不同的情况。所谓值不值是个主观感受的问题，我们不妨先分析一下上早教班的付出和收获，再来做决定。

从早教班中我们可以得到什么

更科学的游戏引导

很多上过早教班的妈妈对我说，早教班与其说是教孩子，不如说更多是在教家长。早教老师会根据不同阶段孩子的发育特点，教给爸妈们一些适合陪这个阶段孩子一起玩儿的游戏。掌握了这些陪玩技能，哪怕是毫无经验的新手妈妈，也能轻松享受愉快的亲子时光。

更多的同龄玩伴

再多再好的玩具也比不上让孩子和其他小朋友在一起玩儿。早教中心无疑是给同龄小朋友们提供了一个共同玩耍的机会，孩子可以有更多的机会去学习怎样与人分享，去体会如何与人相处。将孩子培养成一个爱交朋友的人，对孩子养成乐观开朗的性格是有好处的。

上早教班我们需要付出什么

经济成本

早教是一项长期开支，一年年下来早教需要家庭投入的经济成本也不是小数目。这是一个很现实的因素，爸妈们需要考虑早教费用有没有超出家庭教育经费预算。

时间成本

早教的课程时间是固定的，这就意味着你和孩子在某个时间里不能安排其他活动，也许会因此错过朋友聚会，也可能在某天会让你们觉得很疲惫。另外，耗费在来回路上的时间也应算在时间成本之内。

早教班到底要不要上

“值不值”，换个说法就是，获益和成本，你更看重哪一个。

如果觉得经济支出不是问题，时间投入也完全可以接受，那么就带着孩子愉快地去上早教班吧！正所谓“钱花哪儿哪儿好”，上早教班能够带来的好处是毋庸置疑的。反之，如果经济负担较重，不上早教班也没什么了不起。没必要夸大早教班的作用，多上几节课不会使你的孩子比其他孩子学到更多知识，也不会对孩子的智力提高有太多帮助。更不要把早教班当作一种攀比资本，这本来就没什么可比的，父母对孩子的爱和重视，并不能从给不给上早教班来判断。

“适不适合”，也就是说，可不可以达到预期的效果，是事倍功半还是事半功倍。

每个孩子的性格不一样，接受能力和适应能力也不一样。有些孩子特别喜欢去早教班上玩儿，而有些孩子就显得不那么感兴趣。同样，不同的家长对早教形式的接受度和感受也各有不同。有些爸妈乐于接受早教这种形式，觉得在课程中能给孩子全身心高质量的陪伴，但有些爸妈的感受却是早教时间的陪伴与平日陪伴并无二致。如果大人和孩子都能在早教班中受益较大，那么早教班就值得上；如果受益不大，去上早教班就没有太大意义了。

我没有让六六上早教班，只是在六六不到1岁时因为想去感受一下也报过早教班，一年中断断续续上了3次课之后退班了，之后再也没上过。

我做出这样的选择，主要基于以下几点考虑。

早教班不是学习游戏引导的唯一途径

通过看书和上网查找资料，也可以学到适合不同阶段孩子的游戏方法。我一个好朋友给我分享了她带孩子上3年早教课后附赠的教程，所以在我们家，大人们经常按这些方法和六六做游戏，在日常生活中早教引导就实现了，不上早教班也同样可以做到科学陪玩。

早教班并不太适合我和六六

当时送六六去上早教班，我并没指望她学什么知识，只是想让她有更多的时间跟其他小朋友一起玩儿，可是上课的时间那么短，和小朋友互动有限，她兴趣不大。比较起来，我更喜欢带她出去和朋友聚会。

经常带孩子在小区里和其他孩子打打招呼，多带孩子参加有小朋友的聚会，也可以找到更多的同龄玩伴。

早教班的成本付出不划算

早教课程一次起码一两百块，当妈的都想尽量给孩子最好的，所以本来我没觉得早教班的费用难以接受，后来在日本旅行时去面包超人乐园发现，玩儿一天也才花费不到100元人民币，场地很大，不仅有各种娱乐设施，还有老师带着上课做游戏。这样一对比，我真心觉得，花钱上早教班，不如花钱带孩子去旅行。

虽然我个人认为早教班不是特别有必要，但科学的早期引导对于孩子的发育还是有好处的。六六很早就会爬，能够两个指头轻捏着泡芙往嘴里送，在她大动作和精细动作的发育过程中，大人科学的引导是发挥了一定作用的。

总而言之，是否送孩子去上早教班，取决于家长自己。每个孩子都不一样，每个家庭的情况也不尽相同，家长在选择的时候，需要结合自己家庭和孩子的实际情况，多一些独立的思考，想清楚自己要什么，最终都能做出一个对家、对孩子最好的选择。

简言之，想上就开心地上，不想上也没什么大不了。妈妈放轻松，遵循内心，顺其自然，这样对我们和孩子来说都好。

将孩子培养成一个爱交朋友的人，对孩子养成乐观开朗的性格是有好处的。

养成读书好习惯，什么时候都不晚

> 只要家长掌握相应的方法，有耐心，并愿意花时间，
> 每个孩子都可以爱上阅读。

读书是一个被公认的好习惯。因此，引导孩子养成读书的好习惯，自然就成了许多家长想尽办法要去做的事情。

究竟怎么做才好呢？其实不同年龄段的孩子在阅读习惯的培养上所需要的方法也是不同的。下面是我归纳总结的孩子上幼儿园之前（出生到3岁左右）的阅读习惯引导方法。

小宝宝阅读首先要选书，在书的选择上，我认为有以下3个原则。

图片优于文字，有互动更好

小孩子不识字，纯文字的书吸引力不大，好在针对小宝宝的书基本都是绘本。从内容上来讲，在生活中经常出现的、具象的图形，会优于离生活遥远的、抽象的事物。比如绘本《抱抱》所表达的情感和图上的小动物，孩子都很容易理解，也很容易记住。

从形式上来讲，有互动的书更好。六六很小的时候喜欢贴纸书，可以边看书边动手，有参与感，这种书对孩子更有持续吸引力。还有一些翻翻

书也不错，小宝宝都是百看不厌。

轻而薄优于厚而重

六六不到1岁的时候，朋友送了一套立体书，因为书里小鸟的羽毛都是毛茸茸的，用了各种材质，所以特别沉，我拿着都觉得是负担，六六拿的时候还砸过自己。这套立体书并不便宜，可惜使用率极低，相反那些轻薄小巧的书，因为使用起来很方便，所以使用率高得多。在六六3岁多时，什么书都能自己拿动了，但她最经常看的书都不是特别大、特别沉的。

中文优于英文

在平时没有语言环境的情况下，让小孩子死记硬背学英文，不如学中文事半功倍。但如果有语言环境，早一点儿进行英语启蒙对孩子是有好处的，在这种情况下，“中文优于英文”的原则可以直接忽略。

讲带文字的书（不管中文还是英文），有一个很实用的小技巧：在给孩子读书的时候，要慢慢地念，手可以跟着语音走，让孩子知道你读到了哪里。时间长了，不用单独地教他识字，他也能学会不少字。而且，尽量照着书本去读，不要随意地减字或添字，这样有利于提高孩子规范表达的能力，增加词汇量。六六2岁多的时候跟爷爷说话，经常冒出非常抽象的词汇，如“因为”“所以”“如果”“但是”之类，爷爷听了无比惊讶。不需要刻意地教孩子识字，讲绘本、听故事多了，孩子的识字能力和语言能力自然能给我们带来很多的惊喜。

如何引导孩子爱上阅读，下面我从两个方面谈谈我的看法。

与小婴儿的对话：重复的意义和即兴发挥

有科学研究表明，当我们使用能够吸引婴儿注意的声音说话，或是加上手势来使我们的表达更加清晰时，婴儿能够学得更快。但是，婴儿的大脑依赖于统计分析——通过筛选他所听到的对话，去找出重复出现的模式。

比如，当六六注意到我给她介绍新事物时，总会用"你看……"这种开头的语句，慢慢地她就会把"你看"当作发现新事物的一个提示。当她熟记了这个词后，我每次使用这个表达时，总能帮助她更快地为新词找到对应的含义。"你看那儿有个灯笼""你看那儿有条鱼"，她会很快把事物和新词联系起来。

在阅读上也一样，熟悉的老词就像是路标，能够帮助宝宝找到方向。这就是重复的意义。使用相似的词语去介绍新事物是一个非常有效的方法，这需要家长根据情况即兴发挥。比如，我们可以用一张图片的细节去抓住孩子的注意力。"你看，水里有条鱼。"或者简单地询问孩子："鱼在哪里？"然后鼓励宝宝用手去指图。就算小婴儿还不会讲话，他也会用目光、手势和咿咿呀呀的语音来表达他的兴趣，并将你视为他信赖的交流伙伴。

已经能与你交流的孩子：对话式阅读与妈妈的鼓励

有统计数字表明，在2岁左右，很多孩子已经能够说出50个词甚至更多。这时，孩子阅读书籍的方式已经提升到一个更高的层次，不再是宝宝听妈妈讲了。具体的操作方法就是让阅读过程变成对话，在看孩子熟悉的书籍时，尽量引导孩子自己去表达。

在最初的时候，孩子表达的可能只是非常简单的话，比如，你指着一只小鸟问孩子："这是什么？"他会回答："小鸟！"这个时候你可以扩展他的答案，告诉他："这是黄色的小鸟。"然后就试着让他回答："黄色的小鸟。"在已有的知识上进行扩展，孩子会学习得更快。

再大一些的孩子只需引导就可以了，而此时选择合适的图书很重要。千万不要讲文字量太大的故事，因为这让孩子复述起来会比较困难。好的绘本在图片的艺术造诣和故事的内在逻辑上都是可圈可点的。

《好饿的毛毛虫》是六六一度非常喜欢的绘本，刚开始她让我给她讲，讲了几次后，当我指着太阳说"太阳出来后"时，她就会接着讲"biu的一声，毛毛虫从小小的蛋里钻了出来"。然后她看着图片，把数字和事物都认清楚了，最后自然而然地说出"毛毛虫变成了蝴蝶"。

在发现六六会讲第一本书之后，我总会鼓励她给我讲故事。因为一直都是以指读文字的方式读书，所以在没刻意教过的情况下，她也认识了一些字，在她认出字的时候，我会适时地给予认可和鼓励，这也更大地激发了她读书的热情。不需要专门训练孩子死记硬背地认字，用指读文字法多读书孩子就会在快乐中学习很多字。（指读文字法在亲子阅读领域有争议，但在六六身上效果还不错，仅供参考。）

所以，在我看来，要想让孩子养成阅读的好习惯，我们就不要给孩子过多的压力，让他自然感受阅读的快乐。而一个喜欢读书的孩子，更容易走向独立和自我激励的良性循环。

当然，即使小时候错过了一些亲子阅读的时间也没关系，好习惯什么时候培养都不算晚，只要家长掌握相应的方法，有耐心，并愿意花时间，每个孩子都可以爱上阅读。

▸▸对于自己热衷的事，孩子会全身心投入。

孩子总是不专心怎么办

> 只有尊重孩子的兴趣，孩子才能更专心地做好一件事情。
> 当孩子在专心做一件事情的时候，就不要打扰，耐心等待吧！

前一阵子我带六六去朋友家玩，在我和朋友聊天的一个多小时里，六六始终自顾自地沉迷在磁力片世界中，而朋友家已经上小学一年级的孩子却一直在各种玩具和场景中转换着闹腾。朋友问："你是怎么把六六的专注力培养得这么好的呢？"

朋友这么夸我，我实在有些不好意思。因为在专注力这个问题上，我也犯过错误，只是改正得比较及时罢了。六六1岁左右时，我给她买了个音乐树。她很喜欢这个新玩具，每天早上醒来后一进游戏屋就会找这个，一玩儿就坐着十几分钟不动。

音乐树的玩法是把玩具上方的小兔子一摁，几个小盖子就会掉出来，可是六六明显没有领悟到这个窍门，她总是把小盖子一个个地抠下来。每次看她笨手笨脚地抠，我都忍不住说："六六，这样玩儿是不对的，妈妈把正确的方法示范给你看。"我不厌其烦地一次次示范，但六六并不领情，被打断几次后就放弃音乐树去玩儿别的了。

有一次，一位从事早教工作的朋友看到了这个细节，便对我说："孩子沉浸在小世界里探索新鲜事物时，你去干涉或打断，会影响他的专注力。这根本不是爱，而是打扰。”

从那之后，我才明白自己一直在以爱的名义扼杀孩子最原始的专注力。也正因此，我开始留意训练专注力方面的方法。

孩子的专注力与生俱来

当孩子还是小婴儿时，他们对吃奶保持着热情与专注；当大一点儿时，他们可以把球拿在手里把玩十几分钟；甚至简单的卫生卷纸，孩子都可以饶有兴致地撕半小时。对于自己热衷的事，孩子会全身心投入。

为什么“专注的天赋”会在后天消失

我经常收到妈妈们的留言：“为什么我家孩子注意力不集中？”“为什么我家孩子做事情总是3分钟热度？”这些孩子身上的共性便是缺乏专注力，其最主要的原因就是成长过程中既缺少自主学习、自我成长的机会，又受到了太多干扰。

比如在对待六六玩音乐树的问题上，我总是用成人的对与错、是与非去评价孩子的玩法，忽略了才1岁的孩子无论怎么玩儿都是她自己的自由。

玩玩具本没有规则可言，也不应该直奔“会”的目的，只要孩子喜欢，就任由他探索就好，我们只需要坐在旁边，等孩子需要帮助时伸出援手即可。

当孩子沉浸在一项“工作”中时，让他吃水果、喝水、打招呼、逗他玩儿，都是对他的打扰，使得他无法专注在一件事情上，轻则影响孩子的专注力，重则导致以后学习成绩不好。

如何更好地呵护孩子的专注力

一个舒适的儿童房

鲜艳的颜色会吸引孩子的注意力，也会让孩子感觉兴奋，所以在儿童房的装饰上，尽量选择绿、白、蓝色调，这对于孩子保持情绪稳定有不错的效果，也更利于他们保持较长时间的专注力。

一个整洁有序的环境

蒙台梭利认为："如果成人未能提供一个有序的环境，孩子便没有一个基础以建立起对各种关系的知觉。"对孩子来讲，整洁有序的环境不仅让他们更有安全感，更能满足他们秩序敏感期对固定程序的要求，同时他们会因为清楚物品的摆放规则，而不用分心去想哪种东西放在哪里，可以保持情绪稳定、专注力持续。

一场痛快的哭泣

每个妈妈面对孩子的哭闹都会心疼或心烦，通常选择妥协或者转移注意力，以便让孩子保持安静，做个乖宝宝。但这种做法是以爱的名义破坏孩子的专注力，因为哭对于一个小宝宝来说是需要全心投入的一件事，哭完了，情绪就稳定了。所以，当孩子大哭大闹，不妨让他们哭一会儿吧！

做一个专注的好榜样

孩子是一张纯净的白纸，他们最喜欢有样学样。如果想让孩子专注力好，自己在孩子面前也要尽量保持同一时间段只做一件事。比如，你自己一边刷朋友圈一边吃饭，却要求孩子吃饭的时候不能看电视，孩子心里会不嘀咕吗？

提供有限的选择

陪六六玩儿时，我发现一个现象，以前家里的玩具我们都是放在外面任她自由地玩儿，但她总是摸摸这个，看看那个，玩儿什么都不超过5分钟。后来，哪怕我要研究开团产品而买了海量玩具，每次也都只给她拿出来一两种玩具，这样她反而可以投入地玩儿很久。已有研究证实，给孩子的选择太多，容易破坏孩子的专注力。

避免中断式打扰

孩子拿着自己感兴趣的东西吃、摸、看，都是专注力集中的表现。如果要给孩子示范一个正确的游戏方法，就要在游戏开始之前引导他，游戏开始后给孩子更多的自主空间，不要去打扰。

尊重孩子的兴趣

仔细观察孩子的兴趣，他喜欢画画，就给他一支画笔，让他的想象随色彩飞扬；他喜欢玩多米诺骨牌，就给他一个宽敞的空间，让他在排列的世界里散发出思考的光芒。只有尊重孩子的兴趣，孩子才能更专心地做好一件事情。

信任孩子

在保证安全的前提下，鼓励孩子做所有新鲜的尝试，相信孩子的能力。六六2岁时，她突发奇想要用剪刀，我虽然觉得有点儿危险，但还是决定尊重她的意愿，于是就找了一把圆头的小剪刀给她，没想到她两手齐用，剪得还挺不错。

在如今这个忙碌和浮躁的世界，专注力仿佛已经成为一种稀缺的能力。我们都希望孩子能静下心来，去认真地听讲、专心地工作、有效率地生活。那么，当孩子在专心做一件事情的时候，就不要打扰，耐心等待吧！

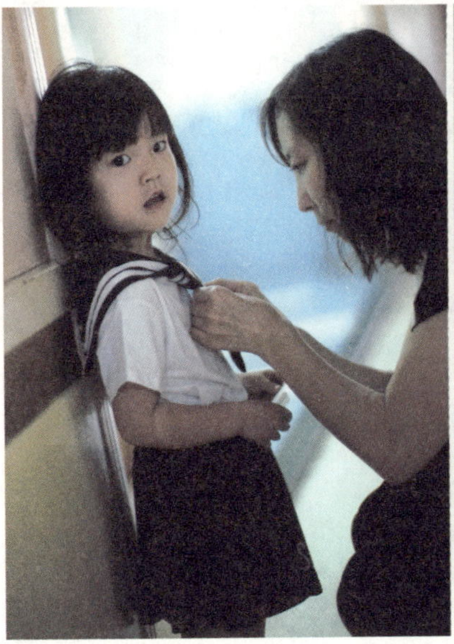

在保证安全的前提下，鼓励孩子做所有新鲜的尝试，相信孩子的能力。

想象力的翅膀，被你剪掉了吗

> 家长要做出表率，变身为“好奇大人”，
> 这样才能带动“好奇宝宝”，凡事多问几个“为什么”。

曾有妈妈留言问过我：“我家孩子画画只会刻板地临摹眼前看到的东西，到底该怎样培养孩子的想象力呢？”说实话，我一直觉得自己是个缺乏想象力的人，所以对培养六六的想象力也比较重视。至于如何培养孩子的想象力，我也还在不断学习，学习过程中的一些心得，倒是可以跟大家一起分享交流。

每个大人都曾是小孩

在经典作品《小王子》中，飞行员在6岁时曾经画过一幅作品，他兴致勃勃地拿着这幅画问大人：“你们害怕吗？”大人回答：“一顶帽子有什么可怕的！”

其实，飞行员画的是一条巨蟒在消化一头大象。为了让大人们能够看懂，飞行员把巨蟒肚子里的情况画了出来。

即便如此，大人们依然劝他把画画放在一边，把兴趣放在地理、历史、数学和语法上。就这样，在6岁那年，飞行员放弃了当画家这一美好的

梦想。

每个大人在童年时都曾有过天马行空的想象力，遗憾的是，这种创造性思维总是被大人扼杀在萌芽状态。当一个想象力夭折的小孩长大成人后，难免用同样的有色眼镜看待自己孩子天马行空的创意。

培养孩子的想象力，我们首先要放下大人的架子，和孩子一起用童真的眼睛看世界，回到最本真的自己，你会发现孩子眼中的世界有多奇妙。

家长要做到这一点并不容易，因为我们早就被既定认知洗脑，很多时候孩子大胆的想象在我们看来是“胡闹”和“不合逻辑”，我们下意识地要用大人认为的“正确答案”去纠正他。

和六六相处时，我也总是为她小脑瓜里的各种想法感到不可思议，但是大多数情况都会提醒自己不能打击她的积极性。比如她要把小鸡画成蓝色，我并没有纠正她，因为在小朋友的眼中，小鸡就是五颜六色的。比如她神秘地问我：“妈妈，你知道苹果里藏着什么吗？”我并没有板上钉钉地说“苹果核”，而是听她的“高见”，她告诉我说苹果里藏着星星。切开苹果的那一瞬间，我真的被里面的一颗颗“星星”（横向剖开苹果时，苹果核呈星形）感动了。

剪掉翅膀的天鹅永远不会飞

美国内华达州历史上有一起著名的案子，一名母亲把女儿上的幼儿园告上法庭，原因是女儿上幼儿园后不久就学会了26个字母，看到“O”只知道这是26个字母中的一个，而在上幼儿园之前，女儿把“O”形容为太阳、苹果、足球、鸟蛋、妈妈的眼睛等很多美妙的东西。这位母亲认为幼儿园的教育扼杀了孩子的想象力。就在所有人认为这位母亲没有胜算的情况下，官司居然打赢了。打动陪审团的是她讲的一个故事。

她说旅行时在公园里看到一只天鹅，天鹅非常美，却不会飞，因为它身子一侧的翅膀被剪掉了，所以只能老老实实地待在小池塘里。孩子失去了想象力，如同天鹅被剪掉了翅膀，永远都飞不起来，只能被禁锢在既定认知的小天地里。

爱因斯坦说："想象力比知识更重要，因为知识是有限的，而想象力概括着世界的一切，推动着进步。"我并不否认知识和生活常识在孩子成长过程中的重要性，而且在应试教育的大环境下，孩子的考分从某种意义上影响了他们的未来，我只是希望孩子对事物的固化认知能够来得慢一些，家长和老师能够对孩子的想象力多一些宽容和鼓励。

那究竟我们怎么做才能保护好孩子的想象力呢?

家长要做出表率，变身为"好奇大人"，这样才能带动"好奇宝宝"，凡事多问几个"为什么"。比如带六六去西双版纳旅行时，她蹲在地上看蚂蚁看得入神，我并没有强制她赶路，而是陪着她一起蹲下来，一边看蚂蚁一边引导她："小蚂蚁在做什么呀？为什么排这么长的队呢？"六六想了想，天真地回答："因为它们也要去旅行，排队坐大鸟（飞机）。"她把蚂蚁的行为和我们在机场的经历结合起来，一个可爱的小故事就这样诞生了。

家长要多听孩子的想法，给孩子更多自由。望子成龙或者望女成凤的家长恨不得孩子刚识数就能准确说出"1+1=2"，殊不知，过早给固定答案会扼杀孩子的想象力。家长应鼓励孩子认识事物的多面性，尝试用新的思路解决问题。比如孩子玩乐高，不按照图纸要求拼插，而是自己琢磨着拼出一个"四不像"，此时家长不要批评孩子，而应该对孩子的想象力表示欣赏。

没有什么比爸爸妈妈的赞扬更让孩子欢欣鼓舞，尤其是自己的作品得到家长的认可后，孩子会对自己的认知能力更有自信，想象力在无形中也得到了提升。

其实，生活中处处充满惊喜。比起花钱送孩子去上培训班，我们倒不如在日常生活中多留意，有意识地引导孩子运用想象力。

想象力是创造力的基础，当孩子再长大一些，家长还应该鼓励孩子把想象付诸实践，因为有个公式是“想象力+执行力=创造力”。创造力才是区分一个人是平凡还是伟大的关键因素。

但并不是每个孩子都拥有惊人的想象力，我从小到大就是一个缺乏想象力的人，我喜欢背书、考试……步入社会后依然重复着背书、考证……所以，如果有的孩子就是喜欢规则、秩序、公式、定律等亘古不变的知识，家长也大可不必因为孩子没有把字母“O”想象成妈妈的眼睛或者姐姐的嘴巴而气急败坏，每个孩子都有自己的特点。

美国航天局历史上的“人体电脑”凯瑟琳·约翰逊，从小就对别人眼中枯燥的数字抱有极大兴趣，如果家长和老师非要让她发展一下想象力而压抑她在逻辑认知方面的能力，恐怕美国航天局的历史就要改写了。

好好保护孩子弥足珍贵的想象力吧，不要轻易对他们说“No”，不打击他们的积极性，就算他们的涂鸦我们看不懂，就算他们做的事情像是在调皮捣乱，只要他们不伤害自己也不妨碍别人，就让他们按自己天马行空的想法去做吧！

每个孩子都有绘画天赋

> 每个孩子都可能是一个有着丰富想象力与创造力的小画家，
> 我们只要给他们自由发挥的环境，
> 让他们按照自己的意愿来描述心中的景象，就足够了。

综艺节目《奔跑吧！兄弟》中有个环节是“你画我猜”，考验画功与默契，其中一些明星的画作总会让大家忍俊不禁。可能有些家长会说，这些明星虽然不会画画，但他们过得也很好啊！如果我们没打算让孩子当画家，还有必要让他们学画画吗？说真的，有必要。

为什么这么说呢？因为绘画是每一个孩子与生俱来的爱好。在很长一段时间里，特别是孩子词不达意的时候，绘画是孩子自我表达的一种方式。这一点，却常常被很多人忽略。

孩子通过绘画表达情感

曾经有心理学家研究发现，孩子画画时会通过改变嘴的样子来表达不同的情绪，经常将嘴角画成往上弯的一条线来表示高兴，而表达难过的时候嘴角的线条就会往下弯。孩子们还会用眉毛来描绘心境，比如用半圆形表示高兴，用对角线眉毛表示生气，还有最常见的是用眼泪表示难过。

我仔细观察了六六的画，后来发现每张画里都有她想要表达的意思。孩子比较小的时候，语言表达能力差，并不能把所见、所闻、所想用精确的语言表达出来，而画画就是他们传递信息最直接的方式。

绘画是孩子记忆力的呈现

大量的研究结果表明，喜欢绘画的孩子在表达自己所看到的事物时能提供更多的信息。这类孩子对于事物及事件的信息呈现量，尤其对物的描述信息量比较大；对于复述事件发生过程的时候，他们都有着较清晰的反馈。

绘画能提高孩子的观察力和想象力

不管是孩子还是成人，人脑对未感知过事物的想象，并不是凭空而来的，是从已感知事物中抽取有关内容经过加工形成的。

比如水是蓝色的，草是绿色的。但孩子有时候会违反常规来使用颜色，比如把草地画成橙色的。孩子通过自己的喜好来表达想象中的东西，这并没有错，家长千万不要粗暴干涉。六六最爱蓝色，所以就画出了她想象中的小蓝鸡。

绘画能提高孩子的智商

经科学家对儿童智力测试发现，幼儿期开始学画并接受过长期系统绘画训练的儿童，其视觉记忆、理解及空间组合能力高于智商相同的其他儿童。

除了前面说的这些之外，绘画还有很多好处。如果掌握了绘画技巧，即使平时可能用不着，在需要“展示”的时候，也会带来很多欢乐。比如六爸是学美术的，带六六玩儿的时候寥寥几笔便“秒杀”我，从六六的小眼神里就能感受到她在说“爸爸好棒”。

也许有一些朋友会说，别人家的孩子有绘画天赋，我们家孩子没有，画也画不好。关于绘画天赋，大家有着不同的说法，我们比较认同的一位美术老师却说：“每个孩子都有绘画的天分，就看是否被激发出来。而且孩子的画不应该用好或者不好来评价，好是没有标准的。”

孩子的画哪怕就是几条简单的线条，大人可能看不懂，里面也蕴藏着自己的想法，不能简单粗暴地说画得不好。而且，大人觉得画得好不好的标准是画得像不像，其实通过技法训练基本都能达到画得像。所以“像不像”并不能作为评价孩子画作的标准。

有一次，六六绘画班的老师在上课时给同年龄段的孩子们讲了毛毛虫的特点和故事，然后让孩子们画毛毛虫，每个孩子呈现出的画面都不相同。我们不能说哪个孩子所呈现的毛毛虫是错的，只是他们脑海中的画面不同而已，而这种差异也和天赋被激发的程度有关。

如果绘画天赋是需要激发的，那我们在家庭启蒙时该怎么做呢？结合《儿童绘画心理学》和六六的专业美术老师的看法，我总结了下面一些建议。

先说4个“不要”，这应该是不少人踩过的“坑”。

不要教简笔画

市面上有很多简笔画的书籍，但是简笔画适合大孩子，不建议学龄前孩子学，因为孩子画画更应该是在表达自己的体验和感受，这是上文中我们强调过的，如果只是模仿简笔画，让孩子技巧提升的同时，想象力和创造力会被禁锢起来。

不要教孩子怎么画

孩子的第一幅绘画作品通常都是人，确切说是“蝌蚪人”，然后慢慢会变成有胳膊的“蝌蚪人”、长出耳朵的“蝌蚪人”，最后是有头发、有表情的“蝌蚪人”。也许成年人看到后会惊讶迷惑，我们一眼能看出孩子画的比例不对，没有躯干等，也许会想着纠正孩子。但是，请尊重孩子的发展过程。

毕竟，艺术与形象复制并没有直接关系，比如，“蝌蚪人”只是人物形象的简单再现。所有的认知发展都需要一个过程，我们不能拔苗助长。

不要阻碍孩子涂鸦

孩子的一些行为或许我们不能理解，但他们并不是在捣乱，而是在表达他们对世界的探索。2～4岁的孩子处于是没有明确作画意向的涂鸦期，他们对这个世界好奇，本能地到处乱涂乱画。当然，随之而来的清理工作也很让人头疼，所以尽可能地引导孩子在纸上作画，或者在墙上装墙膜，给予孩子足够的空间去发挥。

不要否定孩子画的是什么

“你这画的是什么呀？什么都不像。”对于孩子稚嫩的画作，我们可能随口就做出这样的否定评价。如果我们一而再、再而三地否定孩子的画作，只会让他有压力，从而抗拒画画这件事情。而更严重的是，会挫伤孩子的自信心，这是谁也不愿意看到的事情。

看完这4个“不要”，估计会有朋友问：如果学龄前不赞成学简笔画，不让教孩子具体怎么画，那六六在绘画班都学什么呢？结合六六的实际，下面我跟大家聊聊6岁以下的孩子应该如何选择绘画班。

6岁前的孩子，技法的训练不重要

选择培训班一定要看老师到底在训练孩子什么。如果是教如何准确涂色，怎么把简笔画画得更标准，我肯定是不会让六六去上的。这个阶段的孩子学绘画的目的主要就是开阔思路和培养兴趣。六六的绘画班里，老师更多的是在引导孩子们尝试用各种工具作画，让孩子们知道画画不是只用笔，花草、彩纸、手指等都可以用来作画。

是限制想象还是鼓励幻想

这个阶段培训班训练的不是临摹能力，而是激发孩子通过绘画表达心中的想法。

有一次，六六的老师让孩子们画的主题是《公鸡和蜈蚣》。在孩子的想象中，公鸡会把蜈蚣咬得满头流血，也会出现比人还要大好多倍的公鸡和蜈蚣。老师并不会去纠正虫子和人的比例，而是赞美和肯定了每个孩子的创意，这是我认为小童绘画班该有的样子。

为了有一个一起画画的环境

周末画画的兴趣班其实也可以看作一个大家一起画画的地方。在这样的氛围中，每个孩子都会比在家画画时更专注和更投入。补充一句，虽然鼓励发挥想象力，但孩子想要真实呈现实物时，也是没问题的。

如果孩子不上绘画班，父母想在家对孩子进行绘画启蒙，又该怎么做呢？怎么做才能有效激发孩子的绘画天赋，让他们喜欢上画画呢？

从小培养孩子的审美

刚出生的孩子其审美能力是没什么差异的，但在一天天长大的过程中，通过身边人和环境的影响，逐渐形成了自己的审美观。因为经济能力和精力的原因，一些家长不得不在孩子的审美方面选择将就，也是可以理解的，但千万不要以为孩子没审美能力，就随便把孩子打扮得很难看、很邋遢。如果孩子喜欢一件很美的东西，因为经济原因暂时不能买，也最好不要跟孩子说："那东西太难看了，咱们不要。"更好的方式是父母先承认它的美，然后跟孩子讲，我们未来一起努力去拥有那些美好的东西。

开阔孩子的眼界

如果条件允许，就带着孩子到大自然、艺术馆、美术馆多走多看，去观察、去体会。自然景观的鬼斧神工，可以带给孩子很多关于美的启迪，许许多多生物的细节，也会让孩子在艺术表达上拥有更强的表现力。

如果家长太忙没条件出门，就可以让孩子多看那些高质量的优秀绘本。这是我们可以为孩子做的更好的事情。

每个孩子都可能是一个有着丰富想象力与创造力的小画家，我们只要给他们自由发挥的环境，让他们按照自己的意愿来描述心中的景象，就足够了。

Chapter 6

情绪管理：与孩子共修的一门课

好妈妈的情绪管理：不压抑也不放任

> 真实面对自己的情绪，别把自己的怒火莫名地宣泄到孩子身上，
> 也别因为孩子的过错而压抑自己的情绪。

我在过去的文章中曾写到妈妈的情绪管理，有很多妈妈看后说道：

“每次都会告诉自己别发脾气，但被孩子气急了，总是怒从胆中生，对着孩子就吼一顿，事后抓心挠肺地后悔，觉得自己不是个好妈妈，可下次依旧控制不住。”

其实不必如此纠结，我非常认可母亲情绪平和是给孩子的最好的教育，也不赞同毫无道理地冲孩子发脾气，但这并不是说我们需要像圣人一样，永远不发脾气。

因为愤怒和快乐、悲伤、羞涩等一样，都是人正常的情绪，任何人都做不到从来不发火。我们是人，不是神，很难永远心如止水，有情绪是再正常不过的一件事情。

孩子做得不对，就应该严厉地指出来

我们接受了很多育儿理念，比如情绪要平和，要耐心引导孩子，可是天知道天使般的孩子为什么有时让人如此抓狂。给他洗了蓝莓端过去，他

非得一颗颗捏碎，然后抹得到处都是；厨房拉篮里有刀具，明令禁止不能拿出来玩儿，他却一次次地挑战规则……

六六2岁多的时候，有段时间学了个坏毛病，时不时就动手打大人，最开始的时候我温言相劝、耐心引导。但是有一天，她自己正玩儿着，忽然冲六姥姥打了一巴掌，我迅速制止后，她笑嘻嘻地看着我们，接着又给了六姥姥一巴掌。我当时很生气，严厉地批评了六六。可能六六从来没见过我对她这样发脾气，马上就哇哇大哭。

于我而言，六六这样无缘无故地打长辈是必须制止的行为。我并没有因为她的哭泣而妥协，而是严厉地告诉她这种行为是非常不对的。

孩子总会有一些不良行为，而这些又可分为“小过失”和“大错误”。小过失是指一些令人讨厌和愤怒的行为，比如捏蓝莓、拿蜡笔乱画。大错误则是伤害自己或他人以及破坏规则的行为。对于小过失，家长是可以淡然处之的；而对于大错误，则是必须对孩子做出反应的，这是教育孩子的基本原则。

当孩子的一些不良行为屡教不改，我们再怎么温和引导也没有用的时候，为什么不能清楚明白地告诉他：“你这样做不对，妈妈很生气！”

愤怒本身就是一种正常的情绪反应，为何一定要压抑？堵不如疏，当孩子的一些言行触犯原则的时候，那就让孩子知道他们这样做妈妈很不高兴。

孩子不能永远只接受快乐、赞赏这些正面情绪，他必须知道自己的哪些行为是不好的，并且需要对这些行为造成的后果负责。当然，当他意识到自己的行为不对，并改正之后，我们不要忘了及时给他肯定。

牢靠的亲子关系，不会因为发脾气就被摧毁

对于发脾气这件事情，我们最担心的其实就是孩子会伤心难过，会觉得妈妈对他不好，从而有隔阂，没有安全感。但是，如果我们的亲子关系很牢靠，又怎么会因为我们发个脾气就土崩瓦解呢？难道就因为发个脾气，我们就变成坏妈妈，不再爱孩子了吗？

朋友给我讲述了一件事情，5岁的女儿喜欢画画，朋友给女儿买了手指画，女儿已经过了喜欢到处涂鸦的时期，可是那天忽然兴致来了，在地板上、桌子上、沙发上处处留下了自己的"大作"。等朋友从屋里出来，看到客厅一片狼藉，简直要崩溃了。她严厉地批评了孩子，孩子很委屈，但她仍然坚持带着孩子一起收拾屋子。

她并没有冲着孩子大吼大叫，而是坚定地告诉孩子这样做"不行"，因为她没有太多的时间、精力去收拾，所以需要女儿一起来整理屋子。

于是，一场小风波就在两个人的家务劳动中结束了。最后女儿搂着她的脖子说："对不起，妈妈，干家务好累，以后我再也不乱画了。"

女儿并没有因此伤心难过，妈妈也借此表明了自己的立场。因为在整个事件中，妈妈很清楚地告诉了她：虽然她做的这件事妈妈不喜欢，但是妈妈依旧爱她，并且相信她可以和妈妈一起来清理现场。

发脾气没有错，错的是发脾气的方式

我的高中同学乔乔和父亲关系不好，每逢她没考好或者和父母意见相悖的时候，脾气火暴的父亲就会用尽各种难听的字眼来辱骂她，甚至还会殴打她。久而久之，她不愿意和父亲说话，一回家就进自己屋子不出来，

以逃避和父亲的交流。

后来，她报考学校时果断选了外地，工作后更是有了足够的理由不回家。虽然节假日她会寄礼物回家，但是年少时父亲的态度和行为实在给她留下了太深的阴影，连过年她都不愿意在家多待。

其实，父母都是想和孩子亲近的，只是有些时候在情绪管理上出了问题，乱发脾气，言行过激，而年幼敏感的孩子又懂什么呢？她只会觉得受到了伤害，从而选择逃避，这样便导致父母和孩子之间有隔阂，难以亲近。

很多研究表明，父母越经常发脾气，孩子就越难管教。试想，如果孩子看到的总是父母生气的样子，听到的都是父母愤怒的声音，那么他很有可能也变成这样的人。

孩子会通过观察、模仿父母来处理自己的愤怒。我们都希望孩子是一个快乐健康的人，如果我们动辄发火，伤害了孩子，孩子又怎么会幸福呢？

我们要认清，愤怒没有错，错的是我们愤怒时的行为，比如对孩子嘶吼、辱骂，甚至殴打，这些是我们需要控制的。碰到这种失去理智的时候，想想孩子带给我们的温暖和感动，控制一下情绪吧。

孩子总会有不听话和犯错的时候，如果这时候你怒火中烧、失去理智，就可能使得孩子身心受到伤害。即使你的愤怒不是由孩子引起的，这种负面情绪也会影响你和孩子的沟通，而孩子只会单纯地以为你的愤怒是冲他去的。

于是，孩子会伤心、会抗拒，尽管我们的确是“为了他好”，可是我们的愤怒会让孩子不听从我们的管教。其实，我们常常会发现，对孩子发脾气之后，我们往往会比孩子更难受。

在生活中，总有一些事情是我们控制不了的，所以情绪管理是我们一生必修的功课。没有必要让自己做一个完美妈妈，永远笑容可掬，温柔似水，但是也绝不能让情绪失控成为常态。

真实面对自己的情绪，别把自己的怒火莫名地宣泄到孩子身上，也别因为孩子的过错而压抑自己的情绪。难道妈妈就必须委屈、牺牲自己的情绪吗？当然不是。尊重自己的感受，和孩子真诚地表达，比什么都重要。

孩子在哭的过程中，情绪大多是由强到弱的，但每个孩子不一样，我们抓住不同的时机来安抚很重要。

再怎么生气，都不能对孩子说这句狠话

父母是世界上最亲爱的人，如果连父母都给孩子一个冷漠的背影，那孩子又有什么底气去相信这个世界呢？

有一次，我接六六放学后在幼儿园的游乐设施那里玩儿，到了清园的时候，老师过来通知大家离开。我和六六正准备往外走的时候，听到了一对母女的争执。好像是妈妈没注意清场时间，刚跟孩子商量好再玩儿10分钟，老师就来清场了，妈妈只好说马上走，但小女孩死活不同意，说妈妈刚才答应过再玩儿10分钟。无奈之下妈妈想把女儿抱走，小女孩却抓着游乐设施不肯松手，同时号啕大哭。

眼见老师还站在旁边等着，小女孩妈妈气急之下，脱口而出大喊一句："你怎么这么不懂事，我不喜欢你了！"小女孩愣了愣，抓着游乐设施哭得更伤心了。而小女孩妈妈又急又怒，接着来了一句："你再不下来我就不要你了！"说完转身走开了。

小女孩看到妈妈走开，便连滚带爬地下来了，涕泪交流地朝着妈妈的背影追去，小小的身影跌跌撞撞地跑着，一边哭一边喊："妈妈，妈妈！"

看到这一幕，我心里真不是滋味。当时那个场景其实再常见不过，妈妈完全有很多种办法可以应对，可是她也许是急躁，也许是面子上过不去，又或者别的原因，那位妈妈选择用了最不妥当的一句狠话“我不要你了”来解决问题。

虽然小女孩最终是听话地离开了，可是她脸上的惶恐、害怕，妈妈看到了吗？如果看到会心疼、会后悔吗？

如果问一个成年人最厌恶的情绪表达方式，“威胁”应该会排在前三名吧？孩子又怎么会不同呢？

“该回家了，再不回家我就不要你了！”

“这个脏，不能动，再不听话我就不要你了！”

父母气头上的一句话、一个不经意的表情，都有可能对孩子幼小的心灵造成伤害。也许，这些伤害当时看上去不是那么大；也许，很多童年阴影不会在日常生活中轻易表现出来。但是，当今后出现类似情景的时候，孩子心里隐藏的情绪很有可能会忽然爆发。而这些伤害一旦根深蒂固，将直接影响孩子的性格形成、三观改变。

心理学家认为，人在童年所经受的一些刺激会形成不同的心理阴影，对人的一生产生不可预想的影响。童年受到了伤害，长大后会强烈地缺乏安全感。

有个朋友给我讲述了她小时候的一件事情，起因是什么她都记不清了，只记得惹妈妈生气了，最后妈妈冲她吼了一句：“你怎么这么不懂事，我不要你了！”然后决绝地扔下她快步离开了。

她说，那会儿是黄昏，到处都是阴沉沉的，妈妈的背影瞬间不见了。她哭着去追妈妈，路上行人的面孔变得模糊起来，周围的一切都变得模糊了。虽然是熟悉的回家的路，但她就是觉得害怕、心慌。这样的场景在她和父母的相处中常常出现，以至于儿时的她经常担心哪一天真的被父母抛弃。长大后，她在朋友的眼中是一个极其没有安全感的人，和人交往也总是有些距离，小心防范着。

她苦笑着说："我心思重，谁知道小时候的我也曾天真不设防，可是连我最亲爱的妈妈也轻而易举地将我扔下。你说我还能相信谁？"

我们总是在说自己爱孩子，可是你是不是只爱他的乖巧、懂事，如果他叛逆、不讲理，你还爱他吗？孩子在可爱的时候，我们给的亲吻固然温馨；可是当他犯错、不可爱的时候，其实才更需要我们最坚定的支持。

对孩子的爱，难道不应该是无条件的吗？孩子犯错了，我们可以责骂，却不能威胁。没有哪个孩子是百分百的完美，他们都会犯错，都会有自己的固执。当我们纠正孩子错误的时候，他们也不会百分百地听从。如果碰巧在公共场合下，再加上孩子的错误会影响他人，我们气急败坏的一句"我不要你了"便脱口而出，比这句话更坏的情形就是转身就走。但是，亲爱的妈妈们，如果能忍下一时的脾气，换一种方式表达，你将会看到更好的效果。

和所有小朋友一样，六六也是一个经常犯错误的孩子。有一次，在六六犯错且沟通无效后，我想尝试着冷静一下。于是我坐在她旁边，不再说话，表情很生气，任她说什么我都不搭腔。

过了一小会儿，六六蹭过来，搂住我脖子："妈妈，你不喜欢我了吗？"我很惊讶："当然不会，妈妈爱你。"六六依偎得更近一些，声音中带着一些呜咽："你不理我，我害怕，怕你不要我。"

我揽过她的脑袋，看着她的眼睛，很认真地说："妈妈爱你，妈妈永远都不会不要你的。只是，刚才的事情你做得不对，妈妈很生气。"我把事情的对错以及想要告诉她的道理又讲了一遍，并且在最后强调了一句："妈妈爱你。"

那一次的效果，明显胜过以往的责骂和吵闹。

很多时候，大人觉得孩子还小什么都不懂，所以对自己的口不择言不当回事。可实际上，即便是一个细微的表情，孩子都能领会，更何况是那样残忍的一句“我不要你了”。这句话哪怕只是用来戏谑，对孩子的伤害也是实实在在的。他们看到的是妈妈毫不留情的背影，而不是以往温暖的怀抱。他们感受到的是妈妈的冷漠拒绝，而不是良苦用心。

父母是世界上最亲爱的人，如果连父母都给孩子一个冷漠的背影，那孩子又有什么底气去相信这个世界呢？

当妈妈的，谁都不想真的伤害孩子的心灵，哪怕连一点点的伤害也不希望有。所以，无论孩子有多么惹你生气，无论自己当时有多急躁，都要记住：“我不要你了”这句狠话，一定不能对孩子说。

没有哪个孩子是百分百的完美，他们都会犯错，都会有自己的固执。

你都管不好情绪，为何怪孩子脾气越来越坏

> 我们需要耐心地观察和分析他哭闹的原因，
> 耐心地回应他，耐心地给予他安慰、共情。

有朋友问我，为什么孩子总是玩儿得好好的，忽然就开始发脾气了，一言不合就动手打人，一点儿小事就哭闹……以前那个乖巧可爱的小宝宝怎么变成这样了？我们该怎么办？

孩子究竟是怎么了？这个问题也曾困扰过我。六六小时候是个天使宝宝，可随着她一天天长大，有段时间她越来越喜欢说“不”，开始变身“小恶魔”，常常令我失控抓狂。

后来和一位研究儿童心理学的教授聊天，她告诉我，面对暴脾气的“熊孩子”，其实只需要做好一件事情：给予孩子足够多的耐心。

曾在地铁上碰到一对父子，爸爸低头看手机，小男孩一开始是安静地坐着，后来就时不时喊爸爸，一看就是百无聊赖的样子，在寻求关注度。可爸爸有一搭没一搭地回答他，后来干脆不耐烦地说：“坐着别动，哪儿来这么多话！”

小男孩听后安静了一会儿，接着又开始对着爸爸拉拉扯扯，力气用大了，把爸爸扯疼了，爸爸直接吼了他一嗓子：“你干吗？烦不烦啊！”

小男孩迅速地红了眼睛，毫不犹豫地对着爸爸就是一巴掌。这时候爸

爸也怒了，直接推了他一把："你找揍呀！"小男孩没坐稳直接摔在了地上，他如同一头暴怒的小狮子，对着爸爸又抓又咬，大哭大闹，眼睛里都是愤怒。

那位爸爸边躲边用手捆住男孩的手，应接不暇中被小男孩一口咬住手，他疼得大叫，"啪啪"给了儿子几个耳光。小男孩彻底失控了，在爸爸怀里拳打脚踢，地铁上的人纷纷躲开，不知道该怎么劝这对父子。

这场闹剧最后以两败俱伤而结束，两人都气喘吁吁，嘴里不停说着互相伤害的话，而旁边的人们也议论纷纷。

其实我们总是旁观者清，当局者迷，自己遇上问题也常常控制不住情绪。回头想想，我们是否也曾以这种生硬、不耐烦的态度对待过孩子呢？当孩子的心被伤害了，以愤怒、仇恨来反击我们，我们会觉得孩子的脾气特别坏，但我们是否反省过自己对孩子的忽视，是否检讨过自己的耐心呢？

暴躁的父母还能指望孩子如绵羊一般温和吗？父母是孩子最好的老师，这句话一点儿都不为过。家长自己都做不好情绪管理，还怎么要求孩子呢？孩子的情绪其实是很好满足的，他们想要的，绝对不是我们的不耐烦。

气头上的我们常常觉得孩子是在无理取闹，可是冷静下来想想，估计他们也挺委屈的。谁会好端端地突然开始发脾气呢？任何一种情绪都有由头，大人如此，孩子也一样。忽然暴躁起来的孩子，很可能是由于下面这些原因。

身体不适

很多时候，孩子发脾气可能是因为身体不舒服。身体的一些不适，比如累了、困了、肚子疼或者头晕都会使孩子的情绪比较敏感。

需求被忽略

在家陪孩子玩儿，自己却在看手机；带孩子出去玩儿，自己还在看手机。孩子遇到问题，一次次投来求助的信号，却都被我们屏蔽了。情绪上得不到关注和照顾，常常是引起孩子发脾气的最主要原因。

有样学样

一个爱发脾气的家长教育出来的孩子往往就会变成爱发脾气的人。孩子总是喜欢模仿家长的言行举止，家长脾气暴躁，孩子的性格也不会太温和。

面对孩子突发的小脾气，家长知道如何正确引导和对待尤为重要。其实，在孩子脾气越来越坏的时候，只有一个办法可以破解，那就是耐心。如果不行，那就再耐心一点儿。

孩子小的时候，哪怕只是路边的蚂蚁，也会引起他们莫大的兴趣，他们愿意蹲在地上，拿着小棍子戳戳玩玩。可是，看惯世间光怪陆离的我们，能领略到孩子的乐趣吗？能平心静气地停下匆忙的脚步，等待他们心满意足地站起来吗？我们是不是都曾经觉得这个没意思，而催促孩子去做我们规划的事情？于是，孩子玩得不开心，开始闹情绪，我们却觉得孩子无理取闹。

我们忙碌了一天回到家，对什么都不耐烦，甚至连基本的交流都是冷言冷语。孩子有一点儿小需求，我们非但不去满足，反而嫌他闹腾，训斥他。孩子是敏感的，他们总是会不由自主地模仿、不分对错地接收。当他的行为方式变成一种习惯，当他变成我们眼中那个爱发脾气、爱大喊大叫、稍有不顺心就扔东西的小孩，我们又会给他们贴上一个标签："坏脾气的小孩。"对于孩子来说，这样其实并不公平。

每个孩子的个性不一样，当他发脾气的时候，我们需要采用的方式方法可能不一样，但耐心是最基本的要素。我们需要耐心地观察和分析他哭闹的原因，耐心地回应他，耐心地给予他安慰、共情。

当然，这个过程会很漫长，甚至我们往往都会因为忍不住而失去耐心。但是，育儿即育己，和孩子一起成长，不也是我们需要一直修习的一门功课吗？

孩子的情绪其实是很好满足的，他们想要的，绝对不是我们的不耐烦。

接纳孩子的情绪，但不会被哭闹所要挟

> 我们总说现在的孩子抗压能力差，一点儿不顺心就哭天抢地的，而其实很大一部分原因都与小时候遇到挫折时家长的态度有关。

孩子哭闹是每个妈妈都会遇到的棘手问题。有些孩子甚至动不动就哭上半个小时，而且越哄越哭得厉害，这种时候当妈的难免又是心疼又是心塞。

孩子哭到底是怎么回事？其实，哭只是孩子表达情绪的一种本能。刚出生的时候，孩子会因为饿了、热了而哭，会因为不适应新环境而哭。长大一点儿后，他们需要帮助的时候会哭，想得到回应的时候会哭，不如意的时候会哭，愤怒的时候也会哭。

总之，哭就是孩子的语言，即便是在他们学会说话后，哭也依旧是表达情绪的方式。

面对孩子哭，很多时候我们的直觉往往就是阻止孩子哭。我们并不知道，这其实是对孩子最大的伤害。因为在孩子不能诉诸言语的时候，哭是唯一的语言，是他们与世界沟通的桥梁。如果我们不分青红皂白就斩断这个桥梁，那我们还怎么和孩子沟通呢？

比如一个很常见的场景，孩子摔了一跤，疼得哭起来了，妈妈一把抱起孩子："宝宝乖，不疼哈，不哭不哭。"有的家长还会拍打地板，指责地板，称地板不该让孩子摔跤。连哄带骗之后，孩子不哭了，我们的任务也完成了。

可在这一系列行为的背后，我们看到自己的问题了吗？

- 我们觉得哭是负面情绪，所以要带孩子离开这种痛苦。
- 孩子哭起来闹心，我受不了，所以赶紧制止，不让他哭。
- 压抑孩子的真实感受，也阻止孩子去解决问题。

孩子不哭，家长就觉得好了，可是，我们并不知道孩子的内心是什么样的。实际上，通过家长一系列的反应，孩子可能会觉得：

- 哭是不好的，我不能哭，哭就不乖。
- 我摔得有点儿疼，可是妈妈说不疼，所以不能说疼。
- 都怪这个地板让我摔跤，地板真讨厌，我也要过去踩它几脚。

看到两种角度的对比了吗？妈妈不让孩子哭，解决的是自己的焦虑，而不是接纳、尊重孩子的感受。虽然孩子止住了哭声，但他的认知在扭曲，他并不知道自己的情绪是正常反应，反而学会了迁怒于别的事物。这么做将导致孩子永远也学不会如何管理自己的情绪。

教孩子接受失败和沮丧

我们总说现在的孩子抗压能力差，一点儿不顺心就哭天抢地的，而其实很大一部分原因都与小时候遇到挫折时家长的态度有关。孩子遇到困难，会沮丧、会失望、会哭，这些都是正常的情绪反应，我们要引导孩子去面对，而不是压抑他的情感，更不是让孩子强颜欢笑。毕竟，做自己才是最重要的。

年纪增长后，我们会意识到取悦别人是最没有意义的事情。可是年轻的时候，很多人并不懂得这个道理，似乎不放低姿态，就得不到别人的认可；不虚伪地给人点赞，就担心会伤感情。

但实际上是这样的吗？肯定不是。即便我们讨好了全世界又有什么用？更重要的是，我们自己的感受好吗？我们为什么不懂得接纳自己呢？难受、疼痛、痛苦时，我选择哭，我需要有一个人懂得我为什么哭，或者我只需要有一个人陪着我哭，而不是苦口婆心地劝我："你别哭，大家会笑话你的。""别哭，哭起来就不好看了。"

共情，帮助孩子管理自己的情绪

要想让孩子别动不动就哭，当孩子哭的时候就要理解他，这比不允许他哭重要得多。尝试着去理解孩子的情绪，并给予他宣泄情绪的机会。

每个人在遇到不高兴的事情时，都会闷闷不乐。因为我们的情绪得不到理解和宣泄。对孩子来说，我们也应该给予他时间和机会去面对自己的情绪，当他难过、悲伤、痛苦、沮丧、失望、愤怒时，我们不要擅自去评价孩子的情绪，他想哭就哭，我们静静地陪着他，让他知道自己是可以发泄情绪的。至于沟通，等孩子哭完了再说。

帮助孩子平静下来

孩子在哭的过程中，情绪大多是由强到弱的，但每一个孩子不一样，我们抓住不同的时机介入很重要。六六小时候哭得厉害的时候，会抽泣得很难受，当她因为身体不舒服而歇一下的时候，我会借别的事情来介入："来，我们擦一下鼻涕好不好？"因为六六爱干净，擦鼻涕的时候很配合，而且在擦鼻涕的时候也没法大哭了。

这些小技巧肯定是因人而异，家长在介入的时候要多观察孩子，并且在这时候，一定要观察孩子的情绪是否已经缓和了，如果这些前提条件能够满足，那可以预见我们的介入能帮助孩子更好地控制自己的情绪。

聊聊哭泣背后的故事

“刚才发生了什么事情？你怎么啦？可以跟妈妈说说你为什么哭吗？哭完了你是不是觉得舒服一些？那后来怎么不哭了？”

和孩子一起回顾事情的经过，这个过程让孩子明白自己的情绪是正常反应，让孩子明白这些情绪可以告诉爸爸妈妈，我们能理解他的感受。

这样，孩子以后再遇到类似情况时也学会应该怎样解决。我们通常会发现，孩子会试图以哭的方式来达到某些目的，那么我们就可以清楚地让孩子知道：你可以把哭当作情绪宣泄的方式，但不能当作解决问题的手段。比如他想要玩具，但因为得不到而大哭大闹时，我们可以等他情绪平静后再来沟通，告诉他不能给玩具的原因。

我们接纳情绪，但不会被哭闹要挟

共情并不是一件容易的事情，不是简单一句“我知道你很难过（疼），妈妈陪着你”就了事的，而是真正地去尊重孩子、引导孩子，通过孩子的细节去感知他的情绪。在这个过程中，给予他成长的机会，让他获得解决问题的能力。

相信孩子，当他得到了足够的理解、关注和尊重后，便不会动不动就哭了。告诉孩子，哭并不是什么大不了的事情，我们始终会温柔而坚定地陪伴他：有些疼痛是避免不了的，但我们可以一起来面对。

自己的情绪别让孩子埋单

> 没有人愿意背负另一个人的情绪生活，
> 我们必须学会为自己的生活负责。

一直以来，我都坚信妈妈的情绪平和就是给孩子的最好的教育，也自认为在六六跟前都很温和。可是，下面要说的，就是要被“打脸”的事情……

一次“童品会”的活动后，我实在忙得不可开交，要发货、做客服、写公众号文章，还要联系断货产品的补货事宜。那几天我基本都是早上7点就出门去办公室，晚上8点多回家，哄完六六睡觉后再爬起来码字，每天只有三四个小时的睡眠。

当诸事缠身、疲惫不堪的时候，我一直以来引以为傲的温和淡定也消失了。

起因只是她那天晚上哼哼唧唧、扭来扭去地不肯睡。而哄睡前我还有一堆事儿没做完，“值班旺旺”能听到响声却回不了，六舅舅在日本订货的事也需要我确定，微信上千条私信完全没时间打开看，可以说口渴难耐、头晕脑涨，只求她赶紧睡了我起来处理事情。

于是，当六六第N次爬起来哼唧时，我忽然受不了了，以往日从没有过的严肃口吻冲着她喊：“你怎么回事？看看几点了，为什么还不睡？诚心给我添乱是吧？”

可在喊完的下一秒我就后悔了。即便是黑暗中，我依然能清晰地感受到六六瞬间僵硬了，没等我抱住她，她就哇的一声大哭起来。我肠子都快悔青了，搂着六六不停地安慰，她软软的身子靠在我怀中抽泣，小手还紧紧地抓住我的衣服。

我很累，可这与六六无关。工作上的压力是需要自己调节的，身体上的不适也不是孩子造成的，我真的不应该将自己的情绪宣泄在孩子身上。

确实，从小到大，我们都直接或间接听了太多“都是因为你，我才怎样怎样”“我含辛茹苦供你上学，你再不如何如何，对得起谁”，这些无非是让孩子明白：我所经受的一切，都是因为你，可这是何其凶狠的道德绑架。

家长对孩子进行这种绑架，目的也只有一个：在能掌控孩子的时候，奴役孩子的心灵，然后等自己年老无力时，用这份付出换取回报。

我一直以为自己不可能这样做，可当我自己崩溃的那一瞬间，心里也有拿孩子撒气苗头的时候，我深深地反思了。和朋友探讨这件事情时，她给我讲了自己的故事。

朋友在北京工作，过年过节只寄钱回去，人却不回家。她幼年丧父，母亲独自抚养她长大，个中艰辛不言而喻。她说她并不怕生活的清苦，但受不了母亲累得快崩溃时把气都撒在她身上。那段时间里，母亲轻则用尽侮辱的言辞说她，重则操起家伙就打她。

其实她妈妈很爱她，有点儿余钱就给她买新衣服、买课外书，自己的衣服则缝缝补补。但妈妈最经常说的话就是：“我舍不得吃、舍不得穿，你不考满分就对不起我啊！”

这种话说多了，朋友渐渐变得反感，甚至有时会忍不住回嘴：“我这么个讨债鬼，当初你干吗要生我？”这也让母女之间隔阂越来越深，直到最后她见到妈妈就本能地反感。她们之间，不是没有爱，而是爱变成了枷锁，令人窒息。

而最让人觉得悲哀的是，在这样的枷锁里，一旦孩子要表现出逃避时，他就会成为世人眼中的白眼狼。在传统观念里，“无不是的父母”，在这种思想压制下的一代人长大之后，还会有意无意地把自己经历的痛楚传递给下一代。

可事实真是如此吗？孩子没出生时，你不需要加班吗？不需要为了生活奔波吗？不需要应对生活的种种困难吗？不需要为了自己的梦想而废寝忘食吗？不需要承担情绪的波动吗？

当然要，只是当我们内心十分清楚这个小生命必须靠我们生存之后，才敢肆无忌惮冲他们发泄情绪，才敢把自己未实现的梦想强加在他身上，才敢用诉苦或变相索取回报的方式，在他面前显露自己内心的极度脆弱和不安。

没有人愿意背负另一个人的情绪生活，我们必须学会为自己的生活负责。

从我自己来说，小到中学时选择学理科还是文科，大到选择辞职创业还是乐享安逸；小到选择骑自行车出行还是坐公交出行，大到选择做丁克还是让小生命降临，都是自己的选择。结果也都应该由自己承担，无辜的孩子和伴侣不应该背负着你的情绪负重前行。

如果你把压力转嫁给他们，那他们又将推卸给谁？

我放弃稳定却麻木的生活选择辞职创业，再苦再累，都是我心甘情愿的选择，与孩子无关。如果没有辞职，我不也一样加班到深夜写演讲稿吗？如果没有孩子，我不也一样有过对生活感到绝望的时候吗？如果没有孩子，我不也一样会感觉迷茫吗？

生活原本就不容易，并不是因为孩子的到来才变得不容易。为人父母，是一场修行。在这条修行的路上，我们的心智要不断成熟，不能让情绪失控变成一种常态。

那天事后我郑重地跟六六道歉，她搂着我的脖子说："没关系，妈妈，我不是故意不睡的，两天没和你玩儿了，我想你。"那一瞬间，我搂着六六泪奔了。这个世界上没有人像孩子这样承受着我们的伤害，又无条件地原谅我们、相信我们。

宝贝，我爱你！妈妈的辛苦与你无关，但是为了你再辛苦我也甘之如饴。

一个拥抱，一个亲吻，就能向孩子表达我们的爱。

不好好说话，就算“为了你好”又有什么用

> 我们这样毫无顾忌地宣泄自己的情绪，只不过仗着“为了你好”，只不过有恃无恐，因为“即便说错了他们也会原谅我的”。

那天我带六六去上美术课，在教室外等她的时候，听见钢琴班那边传来一阵不大不小的骚动。

一位七八岁的女孩低着头站在教室门口，她妈妈站在旁边不停地责备她：“你带脑子出门了吗？这个该怎么弹你不知道吗？”“老师都受不了你，让你出来了，丢不丢人？”

因为妈妈的责骂，女孩的情绪开始变得不平静了，拳头攥得紧紧的，可那位妈妈还在数落她：“要这么不上心那就别学了，我挣钱容易吗？是让你这样浪费的吗？”

那女孩脑袋越来越低，最后终于忍不住哭了，双肩不停抖动，还在骂她的妈妈发现了她的异样，叹了口气没再继续，而是扶着她的双肩安慰：“我这不是为了你好吗？你要考级了，老出现这种低级错误可怎么得了？”“我一下班连水都没喝一口就带你来练琴，这么辛苦还不是为了你！”

我们都不会怀疑这位妈妈是真心为孩子好，可是，“为了你好”就能对着孩子乱骂一气吗？七八岁的孩子已经有了羞耻心，知道爱面子，大庭广众之下被最亲的人责骂和否定，就算出发点是为了她好，她如何能承受

呢？对她来说，这分明是伤害大于所谓的激励啊！

我们本来可以问问孩子原因：“今天怎么了？练琴不太专心？”却选择了莽撞地打击孩子：“练了100次还出错，你还能再笨点儿吗？”

我们很忙、很累，碰到孩子出现问题的时候总希望能快速解决，可是我们没有意识到：简单粗暴的沟通方式往往只会扼杀和孩子的亲密关系。

明明可以好好说话，却要用最伤人的话语来表达。就算我知道你是为了我好，可是你不好好说话，我更多地只是感觉受到了伤害，而听不进你的道理，也看不到你的良苦用心。

很多时候大家聊天时并没有恶意，却总是带着点儿刻薄。听到的人倘若较真儿，还会被怼回来一句：“你这么开不起玩笑啊，我随口说一下而已。”

前段时间朋友和我聊天的时候，说起一件小事。

她家孩子3岁多，说话正处于有样学样的时候。朋友是个大大咧咧的人，对孩子说话的时候也会口无遮拦：“你有病啊，干吗爬那么高，摔着了怎么办？”

直到有一天，一家人在一起，她喝水的时候不小心呛了一下，不停地咳嗽。老公一边帮她拍背，一边对孩子说：“快安慰安慰妈妈。”孩子的反应却让她意外：“你有病啊，喝那么快干吗？”她嗓子很难受，可是孩子那稚嫩的话语让她更难受。什么时候孩子学会这么说话了？看着孩子天真坦然的眼神，她却不知道该说什么。

朋友反思了平日里和孩子的沟通方式，她说：“我第一次为自己的大大咧咧、口无遮拦感到后悔。孩子其实并不是很清楚自己的话有什么不妥之处，她只是听到了大人这样说，便下意识地跟着学。”

这种夹杂着嫌弃的语言暴力一旦形成习惯，或许伤害了别人还不自知。可能会有人说，一家人说话干吗要那么客气？我们说的“好好说话”

并不是要客气疏离，而是用恰当的语言来表达我们的关心和善意。一句合适的话带来的温暖力量远远超过带着负能量的督促。

很多时候越是对着身边最亲近的人，比如爱人、孩子、父母，我们反而越吝啬自己的耐心，常常冷言冷语："没看我在忙吗？"看到孩子出现问题，不分青红皂白张口就骂："你是猪吗？"和爱人出现分歧，脱口而出就是："这点儿事都做不好，你还有什么用？"对外人都是好脾气，对自己人却总是话中带刺，这是很多人的习惯。

我们都会有自己的情绪，但即便我们不开心，也要明白导致我们不开心的是别人的或者别的事情，而不是身边的亲人。我们这样毫无顾忌地宣泄自己的情绪，只不过仗着"为了你好"，只不过有恃无恐，因为"即便说错了他们也会原谅我的"。

可是，如果我们爱对方，又怎么舍得一次次不停地去伤害对方呢？最亲密的人也希望有如沐春风的幸福感啊。

愿我们都学会对最爱的人好好说话，不然，就算是"为了你好"，谁又听得进去呢？与其空谈什么希望孩子被岁月温柔以待，不如先学会好好说话，用最真诚的语言来表达我们的耐心和最美好的善意。

Chapter 7

夫妻关系：最好的教育是爸爸爱妈妈

带孩子从来就不该是妈妈一个人的事情

> 不要把自己陷入一个被动的孤军作战的怪圈，
> 起码不要因为自己主观的不信任，拒绝家人的所有帮助，
> 尤其是爸爸的帮助。

有个妈妈给我留言说：“我是一个9个月男宝的妈妈，老公不操心，婆婆指望不上，我准备一个人带孩子了，可是心里好恐慌，我能当好妈妈吗？”这事儿搁几年前，我可能会回复：“加油哦！亲爱的，纵然会有辛苦难过，但孩子的每一步成长都会给你带来无穷的动力！相信自己，你可以的！”

原因很简单，那时的我并没有当妈妈，更没有经历过独自带孩子的生活，看多了全职妈妈一个人带孩子的故事，肯定会觉得别人行自己也行。

可六六1岁半左右，我和六爸想过一家三口的生活，就从六姥姥家搬了出来，从那时起我经历了一段独自带六六的时光。回想起那段时间的点滴日常，我不会再那么肯定、那么草率地告诉别人：“坚持一个人带孩子没问题。”

因为，带孩子从来就不应该是妈妈一个人的事儿。

孩子是通过爸爸妈妈来到这个世界上的，照顾孩子这件事，爸爸妈妈的任务可以有多有少，分工可以有所不同，但无论如何都应该由爸爸妈妈来共同参与。

最初在六姥姥家住的时候，我和六姥姥都觉得男人带孩子不靠谱，所

以从来都不用六爸帮忙，他每天下班后陪六六玩儿半小时就回屋玩儿手机、电脑了。因为有六姥姥的帮忙，所以那时候我并没有特别明显的困扰，最多也就偶尔抱怨一下“妈妈生，姥姥养，爸爸回家就上网”。

而让我们下决心脱离老人，自己一家三口去生活，也是因为那一年多我们的关注点都在孩子身上，夫妻间渐渐生疏淡漠，来自家庭的幸福感更无从谈起。想改，那就要先离开舒适区。

刚开始一家三口独立生活的时候，六爸也曾试图搭把手照顾六六，可缺乏经验的他连给六六换个衣服都做不好。六六嚷着要喝水，他一脸茫然找不到六六用的杯子，玩亲子游戏都是倒提着脚到处走之类的另类玩法。把这父女俩框在一起，“画风”永远凌乱，我则时刻担心，每次一出小状况就能把他批评得信心全无。

随着我的唠叨和不信任，六爸慢慢地不再插手六六的日常生活，每天除了拿着相机对着六六拍照，就是待在书房做他自己的事情。

一开始我觉得蛮好，好妈妈就该给孩子最好的照顾，爸爸在一旁不添乱就好。可是时间久了，我发现完全不是那么回事儿。我一天到晚拴在孩子身上，他倒落得轻松自由，甚至完全无视我的辛苦和压力，轻描淡写的一句“是你不让我带”，噎掉我所有的话。

好吧，让你带，歇着谁不会？把六六留给六爸后，我自己去逛了趟超市，可就在回家进门的一瞬间，我完全蒙了。六爸身上、床单上、地上，到处都蹭上了屎。原来六六拉屎了他没及时发现，更可笑的是他给六六穿的纸尿裤穿歪了没兜住拉的屎。此外，六六的屁股还因为长时间没清理而红了一大片！我一下就崩溃了，竟然当着六六的面和六爸大吵一架。我指责他对孩子不上心，带孩子竟然注意不到孩子的情况，什么都做不好就会添乱！

可没想到他还振振有词："你总说我做得这不对那不好，我做事情你嫌弃，不让我做事情，我哪里来经验？"

"都是你做不好，怎么能怪我不让你干？"

两个人都有情绪，就这样越吵越凶，一发不可收。六六在一旁吓得大哭，我既懊恼又委屈。懊悔的是我将坏情绪传递给了孩子，委屈的是我付出了那么多，为什么依旧做不了好妈妈?

曾听说，即使最美好的婚姻，一生中也会有200次离婚的念头、50次掐死对方的冲动，而有一大半都发生在孩子出生的头一年。

说得太对了！可吵过后总要和解，和解就必须好好沟通，这才是家庭关系进步的关键。那次争吵之后，我与六爸进行了一次深入沟通，在了解到他的想法后，我开始学着信任、学着放手、试着耐心去教六爸如何在细节上照顾孩子。因为有爱，六爸进步很快，原来他比我想象中的要上心、要细致，他缺少的不是能力，而是机会。

如今的六爸俨然是个育儿能手。周末休息的时候，他早上会带六六出去玩儿，让我在家舒舒服服地睡个懒觉。我出差的时候，只要六爸在家，都不会麻烦六姥姥帮忙，而是他自己接送六六上幼儿园，带六六出去吃饭玩耍、晚上陪睡。他做得很好，大事小事上都不曾有纰漏。

我终于懂得，所谓好妈妈，绝不仅仅是对孩子事无巨细而不让别人插手的照顾，更重要的是要传递给孩子快乐的心境，带给他幸福的能量，让他体会到更多、更广的爱意。

如果照顾孩子完全需要妈妈以一己之力来承担，家庭的氛围自然容易出现偏差。孩子是最敏感的，这种不快乐和不和谐，他总是能很快感受到。很多时候，他的暴躁、易怒、叛逆、不听话等负面情绪都是源于内心不安，而这种不安通常都是家庭成员之间的不良关系所导致的。

我们总是羡慕别人家孩子那么好带，能开开心心地玩耍，吃饭、睡觉都不需要操心，但我们可能没有想过，别人家孩子的背后还有着一个幸福的家庭，爸爸妈妈有着统一的育儿观。

一个负能量的怨妇是不可能成为真正的好妈妈的，所以，与其哀怨地把自己累死，不如快乐地让家人来分担。而家人，除了爸爸，当然还有乐意帮忙看孩子的老人。

隔代养育的过程中，肯定避免不了各种想法的冲突。可我们要知道，老人都是爱孩子的，只是观念与我们有些偏差，所以我们要心平气和地去沟通，耐心给出解决办法。

争吵之前，我们先想想，老人本可以舒舒服服地享受退休生活，却要劳心费力地帮忙带孩子，这不是职责，而是情分。想明白这一点，或许就会少点儿抱怨，多些理解和宽容。

妈妈也要记得给自己放假，让心情放松。对于孩子的屎、尿、屁，用纸尿裤更便捷，虽然花些钱，但是既节省精力又可以避免开裆裤等带来的不良影响；对于家务，可以请小时工或者让爸爸分担，给爸爸更多照顾孩子的机会，该放手时就放手；珍惜老人帮忙带孩子的情分，心里有感恩，脸上有笑容。

带孩子的过程中，虽然有很多温馨时光，但也有很多令人抓狂的时候。妈妈如果把养娃大业扛在自己一个人身上，孩子的吃喝拉撒、性格培养、成绩优劣等种种都一力承担，能不累吗？

不要把自己陷入一个被动的孤军作战的怪圈，起码不要因为自己主观的不信任，拒绝家人的所有帮助，尤其是爸爸的帮助。带着快乐的情绪，开开心心地陪伴孩子成长，会比为了当个好妈妈而让自己成为一个抱怨型的假性单亲妈妈有意义得多。

带孩子并没有那么辛苦，辛苦的是你对我的态度

> 互相包容，互相理解，即便不能替你分担，
> 但是我知道你的付出，感同身受。

“不就带个孩子吗？能有多累啊？”

要是在你照顾完孩子身心俱疲的时候，有人这么冷冷地说一句，你心里什么滋味？要是这个人不是别人，是孩子他爹，你会愤怒吗？

朋友L是我的高中同学，曾经跟我说过一件事情。

她一直在家全职带孩子。有一次，全家要出门去玩儿，她给孩子换衣服、穿鞋，收拾出门用的背包，自己换衣服、拿东西，完成一系列琐碎又不可缺少的步骤后总算出了门。结果到了半路，孩子喊着要喝水，她才发现水杯落在门口的鞋柜上了。

这开到高速公路上，车里也没水，怎么办？朋友心里正自责，老公心疼孩子渴了，一时也想不到好的办法，就埋怨她：“怎么老这样丢三落四的？！”

朋友跟我说，她听到老公这句话后非常郁闷，出门前老公一直坐在旁边看手机，等她收拾好了才起身走人。现在东西忘带了就这样责怪她？她一向心细，很少忘带东西，为什么他要“上纲上线”地批评她“老这样丢三落四的”？

平时的种种周全都被视作理所当然，偶尔一次思虑不周就横加指责。她不仅委屈，而且愤怒。可孩子在车里，她不愿意跟老公吵，只是低头不说话了，车里的空气一下子就冷了下来，出游的兴致全搅没了。

平心而论，朋友的老公在我们眼里也不是撒手不管孩子的那种，他陪孩子的时间还挺多的。可是朋友说，他“带孩子”更多的是“带孩子玩儿”，给孩子拍照，陪着孩子在外面疯跑，爷儿俩都挺高兴的。而所有的后勤工作，他并没有太多概念。出门前费心费力地准备，回家后事无巨细地收拾，他没有关注，也似乎看不到妻子的忙碌。

朋友的这种心情我们都能感同身受。要说带孩子辛苦吗？说辛苦也不是多辛苦，反正六六冲我笑一下，再多的辛苦也烟消云散了。可是在最忙碌的时候，或者出现问题需要帮忙的时候，老公不帮忙也就罢了，还冷嘲热讽没做好？

好吧，也许带孩子其实并没有那么辛苦，让我感到辛苦的是你对我的不理解、不体谅。

记得有一个周末，我去一个朋友家，她和孩子刚午睡起来，一脸慵懒、心满意足地感慨：“一下子睡了3个小时，太舒服了，好几年没睡个踏实觉了。”她老公在旁边哈哈大笑说：“太夸张了，孩子睡你也睡啊，有这么累吗？”她苦笑着看我，我懂，可她老公不懂。

我的这位朋友白天工作压力很大，连休息的时间都没有。下班后不约会、不看手机，全心全意地陪孩子。孩子的日常琐事全都是她在操心，吃穿用度都安排得妥妥帖帖。

孩子晚上睡不好她就起来哄，长年累月地没有睡过整宿觉。可早上照常要爬起来顶着黑眼圈去上班。日复一日的睡眠不足，这份辛苦可曾有人体贴过？

几千个日日夜夜的琐碎辛劳，枕边人却视若无睹，那还有什么可说的，难道要把自己每一分每一秒做的事喋喋不休地都细数出来？那样只会更辛苦。而且，这些话说给男人听有用吗？很多时候，他们都觉得我们在夸大其词、无病呻吟。

“带孩子就是女人天经地义的事情啊。”

“我们兄弟几个都是妈妈这样带大的，别人行，你怎么就不行？”

“差不多就行了，你管东管西的，不累才怪呢。”

“你不就是带个孩子吗？我工作才辛苦呢，成天压力那么大，加班应酬，赚钱养家。回家还得陪孩子玩儿，你还嫌我做得不够好。”

这样的话耳熟吗？我们在为了照顾孩子竭尽所能、努力成长的时候，冷不丁听到这些话，不仅心酸，更是心寒。家庭矛盾也是在这样的不理解中慢慢累积，继而争吵冷战。

带孩子并没有那么辛苦，让我辛苦的是你对我的不支持、不包容。

之前有一篇刷爆朋友圈的文章叫《最鸡血的谎言：你可以兼顾家庭和事业》，虽然说得不无道理，可我见过太多妈妈为了平衡这两者的关系，上班工作，下班带娃，殚精竭虑，做了太多的努力。但是这份追求却常常得不到理解。

综艺节目《妈妈是超人》里，胡可和沙溢的一段对话曾让我触动。胡可为了带孩子有很多年几乎推掉了所有的工作。等孩子慢慢大点儿，胡可遇到了一个比较好的机会，于是决定出来工作。

胡可说：“我希望我的孩子看到的是一个在工作上很努力、有自己社会价值的妈妈。”沙溢和她在一起那么多年，却并不懂她：“我没给你什么压力，你干吗那么辛苦？”

可是，一个女人即便是当了妈，依旧会想追求自我价值的实现和社会的认可。这些与生活压力无关，而是自己内心深处的追求。

胡可认为工作和家庭不难平衡，可丈夫理所当然的态度才让她痛心。她说："难道有了孩子后，女人就必须要牺牲自己照顾全家吗？"

胡可拍戏进组好几个月，没时间陪孩子和照顾家庭，沙溢很不满。然而在过往的采访里，沙溢曾坦言："胡可生下安吉的第二天，我就离家去拍戏了。"胡可并没有怨言，而是安慰他："你在那边好好拍戏。"这让沙溢很感动。

可是事情换个角度就截然不同了。在胡可同样有戏要拍的情况下，沙溢却并不支持，甚至还一再劝导她安心在家带孩子，"不要太劳模"。所以，不被理解的胡可潸然泪下。

带孩子这件事情本身一点儿都不辛苦，最让我感到辛苦的是你的态度。这句话真的很戳心。一直觉得，精神上门当户对的人，婚姻生活才能走得更远，因为价值观相近，我懂你的辛劳，更懂你的追求。

男人在事业上打拼是正常的，可女人同样需要有社会认可。有多少职场妈妈在追求成长、实现自我价值时，一切都在正轨还好，万一赶上有个特殊情况，自己无法顾全两端的时候，责难和质疑就会扑面而来。

好在我们看到了对胡可的后续采访，当时胡可和沙溢在沟通后达成了一致，沙溢为了让胡可安心工作，每当胡可不在北京的时候，他就不接戏留在家里照顾孩子。

很多时候我们介意的是你的态度，能让我们释怀的也是你的态度。谁愿意吵架？谁不希望家庭和和美美的？其实女人要的不多，"我懂你的不容易"，有这一句话也许就够了。

我懂你的不容易，所以即便你有疏忽，我来帮你解决就好；我懂你的不容易，晚上孩子老醒你睡不好，白天一大早起来又要带孩子、做家务，辛苦了；我懂你的不容易，既要上班又要顾家，本来上升的大好职场前景都给耽误了，感谢你对家庭的付出。

“我懂你的不容易”，就这么简单的一句话，代表着你对我的尊重，代表着你对我的怜惜，代表着你对我的认可。那么，再多的琐碎、辛苦也都有了意义，也都不值一提了。

一个健康的家庭应该尊重彼此的付出，学会宽容。而不是遇事就互相指责埋怨，那就只会陷入恶性循环，一方心寒，另一方却不明所以，两人渐行渐远。

我们都是凡人，婚姻生活的困顿不仅会让女人饱受折磨，男人也一样。互相包容，互相理解，即便不能替你分担，但是我知道你的付出，感同身受。只有这样，我们才能在平淡而琐碎的日子里看到更多的美好，携手走得更远。

学会忍耐和宽容，终将听到幸福敲门的声音

> 一个健康的家庭可以坦然接受每个人的不完美，并因此学会爱与宽容。懂得爱，教会孩子去爱，方是我们家庭教育中最重要的功课。

一个人的婚姻是否幸福，通常在他成长的家庭和童年的经历中就已经埋下了种子。

这句话说得一点儿都没有错。我们赞成婚姻门当户对，不单纯是说经济条件匹配，更多的是价值观、生活习惯、审美情趣、眼界视角是否有共鸣。不过，现实中相爱的两个人走进婚姻，“门当户对”的未必都是佳偶，不“门当户对”的也并不一定都是怨侣。

小A和小C都是我同学，两个人的父母是一个工厂的职工，学历、收入都相差无几，两人打小就认识，虽然没有青梅竹马那么亲密，却也相知很深。后来他们慢慢走到了一起，父母也都乐见其成，年龄到了自然而然就结婚了。

小A端庄，小C也很沉稳，两人的兴趣爱好都很类似，喜欢音乐、电影、旅游，无论谁看来他们都是非常般配的。只是结婚才一年多，两个人却悄悄地离婚了。仔细问来，他们没有什么大的矛盾，就是性格不合，有矛盾就吵架，吵完了谁也不理谁。在这样的冷暴力后，从单纯一个小矛盾上升到你这样是因为你不爱我，越吵越累，双方都倦了，于是决定分手。

世界上并没有一模一样的两个人，你无法在生活中找到“镜子中的你”，能和你同样的节奏、同样的性格。无论你选了谁作伴侣，人与人之间的相处都会有矛盾、有摩擦。但有摩擦之后是去沟通、去磨合，还是吵架、放弃？这是婚姻中很重要的一个课题。

我们都知道，再相爱的两个人在一起生活都会有磕磕碰碰。有句歌词唱得好：“相爱总是简单，相处太难。”

婚姻从来就不是一件7天包退换的商品。如果我们永远都只是按自己的行为习惯生活，按自己的标准去衡量对方，一不顺心就转身离开，那么这种失去了宽容、体谅的婚姻的确令人觉得如履薄冰。

我有一个高中同学，她家里几代都是老师，她从大学到研究生学的都是中文，饱读诗书。生活中也颇有情调，爱好茶道、书法、花艺。

这么一位精致的女孩，我们都以为她会找个才子结婚，结果嫁的人却让众人大跌眼镜。她老公是一个面容黝黑、衣着朴实的平常男人。大家都以为她是一时花了眼，以后怕是要后悔，可出乎大家意料的是，这些年她过得非常好。

我们说，一个女人的婚姻是否幸福，是从脸上可以看得出来的，如今年过三十的她，眼神中依然有着少女的娇憨。

和她聊天，她说她跟老公平时也会因为鸡毛蒜皮的小事吵架，比如老公总是把臭袜子和其他衣服一起扔进脏衣篓；有时候老公开车一脚刹车踩得太猛害她往前一冲；她是北方人，吃豆腐脑要吃咸的，而老公是南方人，豆腐脑要吃甜的……可即便生活习惯、兴趣爱好上有着这么大的区别，她脸上的光彩依旧告诉我们：她很幸福。

她说老公总把臭袜子扔进衣篓，她就捡起来洗了。时间长了，老公看到了就会不好意思地笑笑，渐渐地不扔了。老公开车刹车踩得不好，被她埋怨几句后就稳当多了。豆腐脑的事情就更好解决了，一人一碗，爱吃咸的加卤，爱吃甜的添糖。

她说："过日子不是和对方的才华过，也不是和对方的兴趣爱好过，是和这个人过。他会不会对你好，肯不肯替你考虑，能不能照顾你的情绪，才是最重要的。"

每个人都会有自己的毛病，比如她自己，有些矫情的小调调她老公也是不认可的。可这有什么关系呢？原生家庭环境的差异固然会给两个人相处的磨合带来很多困难，但是爱才是夫妻相处中最重要的一点。

爱他就会替他考虑，一言不合就放弃的，说白了还是因为爱得不够，对彼此、对婚姻没有信心，只想逃离，不想花时间和精力去沟通并解决问题。

曾有篇热门文章的标题是《爸妈离婚，就因为爸爸向妈妈养的兰花盆里弹烟灰》，文中观点是一辈子太长了，不要将就。猛然一看，观点挺戳人心的。价值取向不一样的人，在一起生活似乎就只是搭伙过日子，生活没法在一个步调，想精致的被破坏情绪，想洒脱的被条条框框限制，这样在一起似乎真的太痛苦了。只是，有一点我们似乎忘记了——宽容，也是爱人之间必修的功课。

我们审视对方是否符合自己的要求，我们期待对方跟上自己的节奏，但我们是否给了对方足够多的时间呢？又或者当对方达不到自己要求的时候，我们能否淡然处之呢？我们自己的标准固然重要，可是对方的舒适是否在我们的考虑之中呢？

比如我给六爸挑衣物，总是按我喜欢的雅痞范打扮，可他就是不喜欢，觉得拘束，还是喜欢休闲的。最开始我也恼怒过，嫌他辜负了我的好意。可后来，我改为把衣物挑选的重点放在了质感上，我们的矛盾也有了一个磨合的平衡点。

婚姻中怎么可能没有纷争，当激情褪去的时候，你是否还能微笑地觉得世间始终你好呢？而当婚姻遭遇问题，进入无休无止的争吵时，你能否足够宽容地去化解心里的愤懑？一个健康的家庭可以坦然接受每个人的不完美，并因此学会爱与宽容。被父母深爱着的孩子即便遇到风雨，也无惧无惶。所以，懂得爱，教会孩子去爱，方是我们家庭教育中最重要的功课。

我是一个情商较低的人，六爸一直说我笨，做人没有技巧。但我仍然坚持，当我真诚待人，他自然会知道我的好，而为了不失去我，他会选择改变。

爱和宽容，听起来或许很空，但在婚姻中几乎包治百病。这样的要求与提醒或许对我们自己来说不是最舒适的状态，但经过磨合和经历阵痛后的婚姻，不但自己能听到幸福敲门的声音，而且能给孩子一个更健康的原生家庭，这不也是值得我们去努力的吗？

最好的婚姻是历尽沧桑，我仍爱着你

> 把矛盾和争吵当作感情的调味品，而不是粉碎机，
> 在每一次争执中重新相遇、重新相知、重新相爱，
> 争执也会变得有意义。

有段时间里，网络上流传的一段话，猝不及防地触动了我。这段话据说是布拉德·皮特前任妻子之一——詹妮弗·安妮斯顿在和皮特离婚后说的。

“每段关系都有潮涨潮落，有时艰难，有时轻松，有时充满乐趣。最艰难的是想追求一种完美的境界，但那是可笑而不现实的。婚姻的美妙之处在于，在经过那么多波折后，站在你身边的还是同一个人，看着这个家，你仍可以说：‘我还在这里，我仍爱着你。’每次争执，总能让你们重新相遇、重新相知、重新相爱，在婚姻中，你们再展开一段新的婚姻，如此永远延续，没有终点。这就是我喜欢婚姻的原因，也是我希望从婚姻中得到的。

“但是很不幸，我们生活在一个任性的时代里，一遇到问题，首先想到的就是‘糟糕，过不下去了’，那是最重要、决定性的时刻。因为一旦有了这种想法，人们自然而然就签订了离婚协议，他们不知道，自己已经错过互相迁就、互相认错、重新证明爱情的机会，那才是最美好的。但是

很遗憾，这不是他的婚姻观。我想我们的观点不同，强扭的瓜不甜。我希望获得的是灵魂深处最忠诚的关系，但是每个人都有权选择开始或结束一段关系。”

出处不曾考证，我只觉得说得真好。

比起吵闹，我更害怕失去你

和谁在一起不会吵架？有时恐怕连自己都会看不惯自己。两个人在一起，会有甜腻和温存，也会有伤心和失落，只要在一段感情中收获的欢笑比眼泪多，就是值得的。

M妹跟我们说她要结婚了，对象是跟她总吵架的C哥。总吵架还要结婚吗？M妹不是冲动的人，做这一决定肯定经过了充分的分析和思考。

她说，每次争吵之后都会很生气，恼他太犟不肯让着自己，恼他身上那么多小毛病无法改变。很多次想过分手，可是想着再也见不到他就很难过。这种情绪就像是冰冻剂，一下让自己冷静下来了。凭什么要求别人让着自己呢？自己身上各种连亲妈都嫌弃的小毛病又怎能强求他去全盘接受呢？也许对方正是这么想的，所以每一次C哥给个台阶，M妹欢快地一跳，就和好了。

我们问M妹是和好如初吗？不会有裂痕吗？M妹说：“当然不是，而是感情越来越好。每次争执都会让我们对彼此性格上的棱角有更多的认识。思考彼此是否适合，是一个逐渐接受对方和不断自我完善的过程，更重要的，是让我们都更清楚地看到了自己的内心，我是多么害怕失去他。”

“我们吵架的频率已经减少很多了，他什么样，我什么样，彼此都一清二楚。他离不开我，我也离不开他，所以我们决定结婚了，一定会越来越好的！”M妹眼中透着笃定又幸福的光芒。

把矛盾和争吵当作感情的调味品，而不是粉碎机，在每一次争执中重新相遇、重新相知、重新相爱，争执也会变得有意义。

婚姻中，爱是恒久的忍耐

婚姻中掺杂着太多柴米油盐的小事，所以生活里会产生更多磕绊。婚姻不光是两个人的事，背后还牵涉两个家庭，分开也并不那么简单容易。冲动的一张离婚协议，牵扯了太多人的情感，老人和孩子等这些我们最亲的人，都会在感情上受到不同程度的影响。在婚姻这座用责任当支柱建成的殿堂里，忍耐是成熟深沉的情，是顾全大局的爱。

朋友Z前些年和老婆闹别扭，因为各种家事互相看不顺眼，于是冷战、分居，还嚷嚷着要离婚。我对Z说：“暂且抛开家庭责任不说，咱们谈感情，你自己选的老婆，当年一路狂追时吸引你的那些优点，现在都消失不见了吗？我想不会的，只是你现在越发将她的缺点放大，而忽视了曾经的那些美好。没有两个天生就完全合适的人，问问你的内心，如果将这些恼人的矛盾先放在一边，你是否还爱着她？”

最后，Z选择了对婚姻的争取，而不是放弃。多年后，他很庆幸当初的这种选择，让他没有错失一段无法割舍的感情和一个爱他的人，让他没有摧毁掉那个曾经用憧憬和希望搭建的家。他说：“多亏我在那个重要时刻选择了冷静和忍耐，给了彼此一个重拾爱情的机会，否则冲动之后的我除了能够得到短暂的解脱之外，更多的应该会是长久的后悔吧。在感情面前，所有的矛盾都是可以解决的，我心底一直爱着她，何况我们之间已经不只有爱情，还有亲情。”

是的，无论是出于责任，还是始于情感，给彼此一个互相迁就、互相认错、重新证明爱情的机会，在忍耐中学会接受和完善，这才是最美好的。

拥有共同的价值观，才能长久携手前行

爱和忍耐可以战胜世俗的纷扰，化解琐事的争执，却敌不过价值观的背离。每个人的心中都有一条底线，如果一场婚姻、一段感情无情地冲破了这条底线，那又何必委屈自己沉浸于无休止的痛苦中。谁都有选择放手的权利，每个人都有决定开始或结束一段关系的自由。

底线是什么？价值观和人生追求的不同，会给出不同的答案。你眼中的奢靡放纵，也许是他人的及时行乐；你眼中的闷不作声，也许是他人的蓄势待发；你心目中的奇妙美好，也许在他人看来一文不值；你心目中的苦不堪言，也许在他人看来是别样乐趣。

曾看过一个报道，20世纪90年代初，年轻有为的北大教授带着同在北大教书的妻子抛下一切，隐居深山，寻找他们心中的“桃花源”。山里不通车，除了雇用的十几个工人外，罕有人至。夫妻二人日出而作，日落而息，20年来几乎从未出山，过着自给自足的生活。在山里出生的儿子3岁开始放羊，每天听妈妈讲课，用收音机接收外界信息。

一次和昔日的同学偶然相见，教授如今蓬头垢面、破衣烂衫、两手老茧的模样让同学心痛不已：“你怎么成这样了，你缺多少钱我都能给，我不能让你们一家这么受苦！”面对同学的关心，教授却笑而不语：“我听得出他身在高位濒临崩溃的压力，而他不知我内心有多富有。”

我想，教授妻子才最懂他内心的富有，因为他们有着相同的价值观及生活感受。妻子曾说，当年促使他们彻底离开人群是因为孩子，想给孩子创造一个无污染的成长环境。这种常人无法理解和接受的生活方式，他们却发自内心乐在其中。能如此这般过20余年，离不开他们给予对方的坚定精神支撑。

一段感情的起始或许是因为长相、财富、趣味、才华的吸引，但面对婚姻相同的态度，永不背离的价值观，才会成为长久携手同行的最终动力。

漫漫人生，得一人相伴到老是幸事。如有，当珍惜；如不慎错过，则当重新开始，不要再错过。在如今一切都趋于快餐化的时代里，爱情的真谛依旧在于点点滴滴的细水长流。每每看到公园中老两口互相埋怨又彼此关怀，都让人觉得踏实而温暖。

我想，最好的婚姻莫过于此：历尽沧桑，我仍爱着你。

Chapter 8

育儿路上，请先成长自己

根据需要读书，爱是最好的动力

> 当不断汲取知识成为常态，
> 读书成为一种习惯后，就会进入一种良性循环了。

对大部分人来讲，结婚生子后，忙碌的生活、琐碎的家务，让读书变成了一件奢侈的事。有时终于买了书，好不容易开始看了，心里还惦记着那些要做的事儿，才翻了两页就又放弃了。

很多朋友觉得当妈后完全没时间读书，我最初的时候也是这样想。小时候养成的阅读习惯，一本书一旦开始看，如果没看完谁来打扰我，我都会想翻脸，连续几个小时看书是常事。而且我的潜意识中觉得读书是件很严肃的事，虽然用不着沐浴更衣那么夸张，但总得安静地坐着才行吧？可当妈后，时间被分割得七零八落，哪里拿得出大块的时间来安静读书。

这几年因为创业，我认识了很多优秀又努力的人，从他们身上我惊讶地发现，其实谁都很难有宁静、完整的时间，这些出色的人只是更懂得利用零碎时间罢了。

零碎时间就像零钱，不攒着可能随手就丢掉了，可只要用心积攒，就是一笔很大的财富。

从那开始，我也学会了利用零碎的时间去看书。六六上兴趣班时，在等待的时间里我就拿出一本书看；六六在家里和小朋友玩儿不用我陪的时候，我也可以坐在一旁赶紧翻翻书；在候机楼等待和坐飞机时，有书作伴，等待的时间也变得不那么漫长了。

其实我以前也很喜欢看书，一年几十本上百本地看，六姥姥在宣传部工作，我们家最多的大概就是书了。但那时我看过的很多书都如过眼云烟，没有留下太多痕迹。

罗振宇说："书只有你看了、思考了、总结了，才是占有。"我现在习惯了随身带着笔记本，优美的句子、有趣的观点、新颖的说法、有疑问的地方都随手记下来。看过书后写出或短或长的读书心得，主要讲了什么，有哪些收获，有哪些疑问，还有哪些观点不赞同等。

我不光对书上的知识如此，看到文章也会抱着思考、疑问的态度去读。我有时会在公众号上转载一些自己看后有感触、有收获的文章，但不会只做观点或者知识的搬运工，每次转发我一定会加上"罗罗有话说"，把自己的思考分享出来。

曾有朋友特苦恼地问我："我读了这么多育儿书，为什么还是教不好自己的孩子？"

这个问题我也没有确定的答案，但我个人的看法就是，不光要看书，还要把看到的新知识跟自己已有的知识结构相结合，变成自己知识体系的一部分，才会更有用。

对于书的选择，我也在改变。以前我看书只看自己感兴趣的，现在只要有价值的书我都能读出兴趣。记得看过一句话：一个专注于自己职业领域的人，随时随地都会想着怎么提升自己的技术。

现在，做个好妈妈、带好六六是我最重要的事业。以前我读书特别杂，从《盗墓笔记》到《货币战争》，除了现代诗不喜欢，其他几乎什么书都爱看。但自从怀孕时，因为六六被误诊心脏有问题医生让我打掉她后，我基本上就只看与养孩子相关的书了。看医书肯定比看小说累，要说有兴趣还真说不上，但只有了解更多才能给孩子更好的保护，心里有爱，就会动力十足。

原本不感兴趣的领域，带着问题去读，带着渴望去读，不但不会觉得辛苦枯燥，还会充分体验到阅读和获得新知的快乐。读书的时候，看到一段话，那种击中灵魂的感觉，总让人震撼。

读书还会带来内在的自循环。这两年看的书不少，却越来越惶恐，求知的过程中总觉得自己需要学习的太多了。于是，更努力地读书才能保证自己的观点经得起推敲，才能让自己说的话不误导他人。也正是这样，当不断汲取知识成为常态，读书成为一种习惯后，就会进入一种良性循环了。

上面这些是我这两年让自己有时间读书的心得。虽然我会随手做笔记，但并不是说读书就一定要记住细节，写读后感。通过阅读，我们能知道很多道理，在纷繁的世间，要知道自己会被什么感动，要知道自己应该远离什么，这样就够了。

多看点儿书，养育孩子的时候也会更有底气。我们不求把孩子培养得多么出色，但至少有些常识性的错误要避免。每每和孩子聊天的时候，能因为自己的知识而收获他们崇拜的小眼神：哇！原来妈妈懂这么多。想想这样的场景，读书的意识与习惯也就水到渠成了。

生完孩子后，你有没有把自己“弄丢”了

> 初为人母的喜悦有时会让人暂时失去自我意识，
> 把全部心思都花在孩子身上。
> 但孩子早晚有一天会离开我们，独自开启属于他的人生之旅。

怀孕的时候，准妈妈挺着大肚子行动不便，总是觉得太累，想早点儿“卸货”。可无数过来人都说：“孩子在肚子里才是最轻松的时候，等出来后你就想把他塞回去了！”

我当时对此话嗤之以鼻，在我心里，和宝宝见面是多么令人欣喜的事。

生完孩子后，我真想把话咽回肚子里，孩子的到来，除了欣喜，真的还有无尽的辛苦和折磨——最初面对孩子屎尿屁时的慌张，长时间没有睡整宿觉的烦躁，疼到不可忍受的乳腺炎，孩子哇哇大哭被家人质疑奶水不够时的内疚与自责，万般情绪，猝不及防。

那会儿，我终于理解了产后新妈妈的抑郁：生理上的不适，心理上的重负，生活上的剧烈改变，真心不是“生个孩子就变矫情”，那种绝望与无奈，只有经历过才能懂得。

当生活只剩下孩子和家，我时常会怀念起曾经的自由。孩子的到来着实带来了诸多惊喜与从未有过的幸福。可是，当夜深人静，看着熟睡的六六，听着六爸均匀的鼾声，我却失眠了。

六六7个多月时，我和一个出国好几年刚回来的老友见面。相识十几年的她竟然没认出来我，缓过劲儿后感慨地问："罗罗，你怎么变成这样了？！"

我看了看咖啡厅明亮的落地窗折射出来的人影，突然觉得这个模样自己也感到很陌生。当妈后，因为随时要抱孩子，衣服全都以纯棉舒适为主，饰品一律收箱底了，加上晚上夜奶、白天上班导致精气神全无，此时的我头发凌乱、衣着宽松、神情疲倦。

生完孩子以后，相信你我都一样，大部分的精力都给了孩子。因为想成为别人眼中的完美妈妈，背奶上班算什么；辅食当然是新鲜的最有营养，所以半夜孩子睡了，自己累得几乎睁不开眼，也要轻手轻脚起床准备第二天的有机食物；黑眼圈有多深也不怕，当妈的不都这样吗？衣服款式早已过时？没关系，反正在家带孩子也不用见人。

可是太累这件事无人能理解，别人会觉得不就是带个孩子吗？天知道添一个孩子会添这么多事，那个仪态全无、絮絮叨叨的陌生女人，真的是我们想象中的幸福妈妈吗？

在心灵深处，总会有这样一个声音在回响：你自己呢？你自己的兴趣呢？你自己的精神世界呢？生完孩子后，你是不是把自己"弄丢"了？

之前老给朋友当模特试镜头的我，身材变形到只能给孩子当背景了；朋友相约的聚会推了多少次，以致她们都不敢再叫我了；书架上喜欢的那些文学书落下满满一层灰，取而代之的都是《美国儿科学会育儿百科》《西尔斯亲密育儿法》……

痛定思痛后，我开始下意识地调整自己的生活。我不愿再被老友认不出，不愿六六长大后觉得妈妈是个"黄脸婆"，更不愿她觉得妈妈"没追求"。

如果你自己都放弃自己了，谁还会在乎你？所以先从做自己喜欢的事开始。待六六睡着了，我躲进书房码字。我曾经是个文艺女青年，但六姥姥坚持不让我进媒体做记者，然而兜兜转转后，我做了自媒体，仍然和最初的梦想相遇了。

有时候文思枯竭写不下去，我便看看后台的留言，去朋友圈和大家聊几句找找灵感，很快就“满血复活”。

朋友的聚会我不再全部拒绝，觉得有趣的就去参加，聊聊八卦，买几件新衣服，然后神清气爽地回家。孩子少了我几个小时的陪伴并不会怎样，而我的好情绪却会让她更开心。

问问自己下面几个问题，然后再一点点地改变，一点点地找回自己吧！

你曾经的兴趣是什么？

尝试在亲子互动时间里，加入自己的兴趣爱好，比如唱歌、跳舞、阅读。千万不要小看孩子的模仿能力，你做任何事情，对孩子来说都是新鲜的、有吸引力的、想尝试模仿的。

你曾经和好友联络感情的方式是什么？

也许是每周六的下午茶，也许是每月一次的周边游，孩子少了你几小时的陪伴，真的不会有任何影响，不要对自己太苛刻，你付出得已经够多，大家有目共睹。

你和老公热恋时最爱做的事情是什么？

看最新上映的电影？手牵手逛马路？吃从未吃过的异国美食？那么现在为什么不再进行了？重温美梦，你会发现，生活原来比想象中更美好。

你有多久没请父母吃顿饭了？

或许我们对孩子的爱，远远超出对父母的爱。而这个世界上最爱你的人是自己的父母，但你有多久没请父母吃顿饭了？把孩子带上，共享天伦之乐，难道不是更好吗？

初为人母的喜悦有时会让人暂时失去自我意识，把全部心思都花在孩子身上。但孩子早晚有一天会离开我们，独自开启属于他的人生之旅，而我们的生活还将继续前进，一秒都不会停留。所以，如果你也曾不小心把自己“弄丢”了，没关系，把自己找回来，无论何时都不算晚！

是六六这个小天使用爱的力量，让我变得有担当、有勇气，努力成为更好的自己。

谢谢你，让我成为更好的自己

> 我之所以如此努力，只是想成为更值得孩子骄傲的榜样，
> 我也认定自己保持向上的状态，会比口头教育更有力。

当孩子第一次向你伸出双手，或有些费劲地努力抬起头，当时的惊喜你一定无法忘记；每次哺乳时，望着他闭着眼睛露出的满足笑容，感受着他紧贴你皮肤的小手，你会觉得所有的付出都有意义；当他牙牙学语，叫出了第一声“妈妈”，你的眼泪都快夺眶而出；学步期，他跌跌撞撞朝你走来，开心地一头扎进你怀里，你甚至想把他捧在手心里……

这个你用尽全力去呵护的小天使带给你的，何止是一点点快乐和感动？他让你想为了他，去做更好的自己。你打开书本学习各种育儿知识、医学常识；你更加努力工作，只为做一个让他骄傲的榜样；你更加感恩和善待父母，更疼爱自己的枕边人，只想给他的成长提供一个最温暖的港湾；你对旁人更宽容，对陌生人更有同理心，对这个他将要一直生活的社会更有责任感，这一切的原动力，不都是因为这个小天使吗？

我们格外珍惜他生命最初几年里的每一分、每一秒，我们想给他能力范围之内最好的生活，我们用心参与着他的成长，一起牵着手在这个美丽的世界同行。有人说，我脖子上戴过最珍贵的项链，就是孩子的手臂。这难道不值得我们感激？

成为妈妈后，孩子带给了我们怎样的改变呢？

六六让我有担当、有勇气，努力成为更好的自己。我从小是个很乖的孩子，乖得几乎没有自我。我想学新闻，妈妈说我的性格不适合当记者，于是听话读了经济专业；我完全不喜欢做公务员，为了家人脸上有光，还是通过国考进入了体制；我不喜欢得过且过，但为了让所有人都满意，仍然安于现状。直到六六来到我的身边，我才意识到，自己必须长大了，要在孩子的成长过程中为孩子做出榜样。

关于六六的成长，我有明确的要求，希望照顾六六的人都按照我说的做，所有的结果我负责。我特别感谢六姥姥，虽然她有时候不理解，但仍然会全力支持我。

从坚持让六六吃的第一口奶是母乳，到六六身上穿的衣服不能比我多，不要给六六把屎把尿，再到独立吃饭等好习惯的培养，我的很多观念都跟六姥姥不一致。但因为她知道我做了非常多的功课，于是她会尽量按照我说的去做。我想告诉新妈妈们，如果老人对我们科学育儿的理念不认同，请再试着努力去沟通一下，因为我们爱孩子的心是一致的。

从体制内辞职，很多人说我有勇气，这份勇气是因六六而起，可其实也缘于一场车祸。死里逃生的人会更加懂得珍惜生命，我要让自己活着的时候做更有价值的事情。体制内，我每天写着领导讲话稿、会议纪要，完全不知道自己的价值在哪里。但现在我可以组织喜欢的活动，温暖别人也感染自己；可以分享产品测评和育儿知识，哪怕只对身边小范围的人有用，那也是我的价值；而且未来我的终极梦想是做公益，用我的一点点能量去帮助更多的人。

有时候我特别感恩，就因为现在所有的一切都是我真正想做的。虽然既要工作又要照顾孩子，注定了我每天会没日没夜地忙，但我内心很充实、很快乐，觉得这样的付出非常值得。我之所以如此努力，只是想成为更值得孩子骄傲的榜样，我也认定自己保持向上的状态，会比口头教育更有力。

六六这个小天使用爱的力量唤醒了迷茫多年的我，真心感谢和她的相遇。因为对她的爱，我找回了真正的自己。因为养育她，我找到了自己的兴趣点，并愿意付出努力。当我很累、觉得坚持没意义而想放弃的时候，她会淡淡跟我说“是金子总会发光的”；当我遇到困难、心力交瘁的时候，她小手一挥说：“天空飘来五个字儿，那都不是事！”虽然我知道这些话都是六姥姥教的，但从她嘴里说出来，还是会给我最大的鼓励。

这是六六带给我的成长，我没有去设置一个量化的成功标准，只是简单地为了孩子而去学习、付出并成为更好的自己。你也是这样，被孩子鼓励着前行的吗？

当别人把你的科学育儿当成矫情……

> 每个人都有选择不同生活方式的权利，
> 不同的时代会有不一样的生活环境，也会有不同的生活状态，
> 不随意干涉他人就是最好的尊重。

当妈的或许都曾经历过这样的困扰：分享和使用新的健康理念、科学的育儿理念和方法时，被人无端“点评”，说我们矫情。杀伤力最大的当数这一句：“原来哪儿有那么多讲究，长大了不都好好的？”

我最初听到这句话的瞬间确实有点儿蒙了，貌似有理。可细想想，不是那么回事啊！

这句话我不仅亲耳听过，我也经常收到别的妈妈倾诉类似经历的留言。总结起来，说这类话的人一般分为两种：一是闲得无聊又爱嚼舌根的，二是一片好心却观念陈旧的。

闲得无聊爱嚼舌根的，比如那些“好心”同事、小区大妈、以过来人自居的别人家妈妈。怀孕的时候我就遇到过这样的事情。

有次和同事聊天，说起孕期检查，唐筛、糖耐、胎心监测、大排畸……每次去医院就像游戏打怪一样，心情忐忑又激动地升级闯关。正说着呢，旁边一个同事大姐幽幽地问道：“这么多检查，医保不能报销吧？”我说：“是的，大部分需要自费。”同事大姐高声说道：“哎哟

哟，你们这些年轻人啊，怀个孕就是瞎讲究，有必要成天查这查那吗？净浪费钱啊！我们那会儿生孩子，没检查这么多，现在不也好好的吗？我儿子健康得很呢！”

他儿子已经20岁了，20年前的医疗条件和生活环境跟现在差别太大，如今的孕期检查是医疗进步的体现，能让母子健康更有保障。当然，检查结果可能也会有误差率，需要我们有科学的分析判断能力和强大的心理，但并不能因此全盘否认孕期检查的必要性。

有时候我也不明白，为什么总有些人爱对别人指手画脚，“我怀孕的时候还下地干活儿呢，你怎么那么娇气”“我们小时候都撒欢儿出去玩呢，哪里用这么看着孩子”“我家孙子从小都穿百家衣呢，你哪里需要浪费钱给小孩儿买衣服”……

每个人的身体素质不一样，注意一点儿并没有什么错；防范人贩子，小心一点儿并不多余；如今的经济条件好了，注重孩子形象及审美品位的培养也无可厚非。

每个人都有选择不同生活方式的权利，不同的时代会有不一样的生活环境，也会有不同的生活状态，不随意干涉他人就是最好的尊重。

另一种是好心却观念陈旧的，孩子的爷爷奶奶、姥姥姥爷大多是这种情况，也有一些亲朋好友容易这样。这种情况其实令人挺无奈的。毋庸置疑，他们这么做也是出于对孩子最纯粹的爱，但这些陈旧的观念确实不适用于科学养育，于是怎么说服他们就成了一个难题。

尤其是他们会认为自己是有经验的人，天然有种心理优越感：“我把你们养得好好的，怎么到养孙子孙女时你们就觉得我都不懂了？”这也是很多老人心里的结。这时，我们最需要的就是耐心和老人沟通，让他们意识到不科学的做法对孩子可能会造成危害。

一来大部分个体未出现危险，不代表每一个个体绝对安全。这是很重要的一点。因为自家孩子在儿童群体中只是一个单独个体，但对于一个家庭而言，却是世界的全部。

因此，我们不能允许有任何闪失。换句话说，不能持“那么多人都没出事”的侥幸心理而让孩子去冒险。比如给孩子盲目喂药，相信没有哪个家长是没事找事，花钱买药喂孩子吃，必然是盼着孩子的病早点儿好。但如果没有足够的科学常识而盲目用药，或是迷信什么特效偏方，那就是冒险。

那些用药出了事的孩子，为什么唯独他们就致残、致死了呢？厄运降临的那一刻，“为什么”已经不那么重要了，这种不可承受的结果，才是最撕心裂肺的痛。能让老人明白这一点，我想，就不会再有那些执拗的坚持了。

再者，有些伤害是潜在的，短期看不出太大弊端，但10年、20年或是更久之后，伤害就会显现出来。

对于成人来讲，比如抽烟、酗酒、熬夜等不良生活习惯，日积月累后会对身体功能造成伤害，这点大家都明白。对于孩子来讲，比如过早食用盐、穿开裆裤、疏于性教育等，则对孩子日后的重盐口味、性意识淡薄埋下隐患，这点却常常被人忽视。

明明是该吃奶的孩子，怕他吃不饱就给喝米汤；刚刚1岁的孩子，怕他吃饭没味儿就给添盐；还不会自主排便的孩子，怕他穿纸尿裤捂得难受就让他光屁股；牙没长齐的孩子，怕他嚼不烂就把食物嚼碎了再喂给他吃……

无谓的担心太多了，而正是因为这种关心则乱的爱，反而容易对孩子造成潜在的伤害。防患于未然，和保护孩子远离显而易见的伤害，同样重要。

最后，借用一个网友说的一句话：“喜欢说‘小时候没那么多讲究，你不也好好的吗’这句话的人，同样也喜欢说‘现在不注意，等你老了就知道了’。”对此，我深以为然。

生完孩子爱“瞎胡闹”，其实都是产后抑郁惹的祸

> 不要以为妈妈是在无理取闹，
> 产后抑郁是疾病，新妈妈通常无法自控，
> 所以家人一定要理解和呵护新妈妈。

曾经收到过一段很长的留言，看完后，我对着键盘沉默了很久。

“罗罗你好，我实在不知道该跟谁说这些话了，似乎已经没有人能理解我，家人朋友都觉得我是在瞎胡闹，可是我也很痛苦。我是今年5月底生下闺女的，本来以为当妈妈是一件很幸福的事情，可生下孩子后没有过上一天顺心日子。看着婆婆抱孩子我就不高兴，怕她对孩子不好。我的奶水好像不够，家人逼我加奶粉，我不愿意，我觉得应该够孩子吃的。现在的生活跟以前比简直是天翻地覆，老公不管孩子，每天下班也不回来照顾孩子，总在外边吃饭应酬。我和他因为一点儿小事就吵翻天，闹得都快要离婚了。天气热孩子起痱子，婆婆不知道从哪里买回来一堆中药要给孩子洗澡，我不让，所以和婆婆吵起来，之前种种相处的不愉快都吵出来了，婆婆气走了，我现在一个人带孩子，每天吃不饱、睡不好，我真是想死的心都有了，也不知道为什么动不动就想哭，因为一点儿事情就变得很暴躁。我和朋友聊，她们说我有产后抑郁的症状，我好痛苦，该怎么办？”

隔着屏幕，我似乎都能感受到这位新妈妈的种种纠结、烦躁、焦虑。她很无助，却没有人能理解她的痛苦。

产后抑郁，这是伴随着喜悦而来的隐形杀手，也是新妈妈们最容易遇到的噩梦。很多人并不能理解产后抑郁，认为只是新妈妈在瞎胡闹、矫情，但有过类似情绪的人都知道产后抑郁的杀伤力有多大。

产后抑郁是女性生孩子之后，由于性激素、社会角色及心理变化所带来的身体、情绪、心理等一系列变化而导致的。它通常发生在6周之内，一般6个月之内可以恢复，但严重的也可能持续1年，甚至更长时间。头胎产后抑郁的妈妈，生二胎后复发加重的概率也较大。

据统计，美国大约7个新妈妈里就有1个可能患上产后抑郁症，轻者患者家庭关系不和谐，重者甚至会威胁母婴的生命安全。

在新妈妈身体不适的期间，生活上的天翻地覆的变化也给精神上带来重重压力。刚生完孩子后伤口疼痛，母乳不足，睡眠不够，缺乏育儿经验，再加上因为养育孩子的矛盾导致婆媳不和等，甚至还有因为重男轻女等观念作祟引起争吵，新妈妈一下子要迎接很多挑战，情绪非常容易失控，一丁点儿事情可能就会引起号啕大哭。

而在这种时候，家人的不理解，新妈妈更容易感觉自己被忽视，于是便会雪上加霜，导致情况越来越严重。产后抑郁究竟有哪些表现呢?

抑郁焦虑

新妈妈一般都会有轻微的情绪低落，通常表现为焦虑、悲伤、莫名想哭，但是与产后抑郁的区别是持续时间不长，一般1～2周便会缓解。而产后抑郁的症状更严重、持续时间更长，通常如果自己在产后2～3周发现总是控制不了情绪，很有可能已经患有轻度产后抑郁了。

丧失自信

女性在孕育新生命的过程中，不可避免地会因为激素原因而浮肿和发胖，即便是生完孩子，也并不能一下子恢复回去。而此时家人更多的注意力也都在孩子身上，新妈妈很容易没有存在感，越发会觉得自己被忽视，身心都受到打击。她们很可能对身边的事物不感兴趣，注意力分散，甚至连孩子都无法吸引她们的注意力。

没有食欲或者暴饮暴食、疲惫失眠等

产后抑郁患者通常没有心情进食，但不排除也有一部分会通过暴饮暴食来缓解心理压力，总是感觉疲劳虚弱、失眠、头疼、耳鸣等种种身体不适。

有自虐、自残、自杀的倾向

对生活失去希望，一时控制不住情绪便会有极端想法，严重的会有自杀等情绪，甚至会带着孩子一起走绝路。

而新妈妈一旦患上产后抑郁，轻度的可以通过家庭环境的调节缓解症状，但如果有以下严重的症状，请及时就医。

- 心情低落或者失控超过两个星期。
- 无法正常照顾自己和孩子的起居。

- 有伤害自己或者伤害宝宝的想法。

产后抑郁的主要治疗有以下3种：

- 专业心理治疗。
- 药物治疗。
- 家庭环境的支持。

向专业的医护人员寻求心理和药物治疗的重要性和必要性自然不用多说，在这里我想着重提醒的是家庭环境对新妈妈的支持。因为我们和医生相处的时间有限，更多还是和家人在一起，所以在这个过程中，家人的陪伴和理解尤为重要。

患上产后抑郁，其实很大程度上也是身体疲惫引起的，那么家人特别是孩子父亲应适度地分担家务、照顾孩子，给新妈妈一个安静舒适的环境来恢复身体是非常有必要的，而且，请务必理解新妈妈的敏感和脆弱。

我属于心很大的“女汉子”，现在回头看，自己在六六刚出生的那段时间也是妥妥的“林妹妹”风格。月子在婆婆家住，六六只要一哭闹，婆婆就会说是因为我奶水不够，产后不到1周非让我喝猪脚黄豆汤，直接把我补得奶都堵了，我疼得一边吸奶一边哭。

好多次六爸下班回家，我都会跟他哭诉自己心里的委屈。其实六六很乖、很好带，月子里除了吃就是睡，六爸和婆婆也很照顾我，严格按照月子餐做饭，也不需要我做家务。即使这样，我还是委屈地哭了不知道多少次，没到30天就闹着要回娘家住。如果那时六爸没有包容我，可能我离产后抑郁也不远了。

所以，家人对新妈妈多些包容和理解，及时和新妈妈沟通，观察情绪变化真的很重要。新妈妈也需要主动倾诉、寻求帮助。在孩子刚出生时大家都会有一些手忙脚乱，很容易就一时没有顾及新妈妈，新妈妈千万不要自怨自艾，而是要多找一些转移注意力的事情去做，和朋友聊天，忙里偷闲出门走走，听听音乐放松等，都不失为好办法。

产后抑郁虽然很可怕，却也不至于让我们毫无招架之力。只要更多地了解产后抑郁的知识，在与家人更好地沟通并获得爱的支持后，焦虑情绪自然会减少。

当你绝望、无助、焦虑、忧郁的时候，多想想那个崭新的生命，为了他，我们也需要让自己坚强起来。而家人要给予妈妈更多的关心和照顾，不要以为妈妈是在无理取闹，产后抑郁是疾病，新妈妈通常无法自控，所以家人一定要理解和呵护新妈妈。多一些爱和接纳，便能够帮助新妈妈更快地重回生活正轨。

不管是全职带娃还是半职带娃，爱才是不变的核心

孩子是我们一生的牵挂，也是我们最甜蜜的负担。
就让我们用自己喜欢和习惯的方式，
陪伴孩子走过铺满爱的童年吧。

每当朋友圈流行“给孩子最好的爱是陪伴”为主题的网络爆款文章时，总会有职场妈妈痛苦地来找我讨论辞职的问题，说非常羡慕我有勇气辞掉公务员的工作在家陪孩子，她们既焦虑自己没有条件辞职，也因为工作太忙、陪孩子太少而觉得自己不是个好妈妈。

关于辞职，我的态度相当明确：如果家里不差钱，老公收入足以养家，并且自己安于全职妈妈这种生活方式，能够轻松快乐地带孩子，全职自然是好。但如果生活质量会因为一个人的辞职而下降很多，或者自己原本更喜欢从社会工作中获得快乐，那还是安心工作吧。请老人帮忙带孩子，只要我们使用一些沟通的技巧和方法，其实现实也没想象中那么可怕。

我们这一代人小的时候，大多数不也是爷爷、奶奶、姥姥、姥爷帮忙带大的？但我们的人生灰暗吗？我们的性格有问题吗？我们和父母之间的情感割裂了吗？没有。

当然，如果父母对孩子不管不问，伤害肯定会有。但如果父母是正常

工作和生活，老人搭把手地照看孩子，我觉得并没什么，反而是家长自己的成长比每时每刻的陪伴更重要。

讲个相对比较极端的例子吧。

我弟弟小时候曾在姥姥、姥爷家生活了五六年，直到上小学才回城里来。可以说，他在起跑线上就被同龄人甩出了八条街，而回城后又没上过幼儿园，在上小学、中学时也没有择校，可最终还是通过自己的努力，被保送上了全国数一数二的同济大学土木专业。毕业后他进入设计院工作，短短两年年薪翻了20倍。而在前途一片光明时，他为了追寻更远大的人生理想又毅然辞职去美国深造，并以优异的成绩被约翰霍普金斯大学录取。

虽然父母给弟弟的陪伴并不多，但他一样生活幸福，在爱里长大。我写出弟弟的童年故事，绝不是赞成父母只生不养的做法，只是想说给予孩子稳定、安全的爱其实就是最好的教育。一个稳定的养育者能够在孩子需要的时候给予回应，给予孩子关怀和爱，即使这个人不是父母，也并不会严重影响孩子安全感的构建。

我不认为工作赚钱比带孩子更重要，但也不认同妈妈工作和给予孩子爱是对立的两面。某种程度上，工作带来的愉悦和上进的人生态度，或许能给孩子更良好的榜样教育，对整个家庭产生更积极的影响。

以我自己为例，我最初对文字的热爱，就源于四五岁时妈妈加班写材料，我坐在旁边有样学样地看书；我对旅行的热爱，源于小时候妈妈出差总是带着我，小学毕业时我就已经走过全国大部分省区，见过很多有趣的人和事。在我看来，职场奋斗和养育孩子是不冲突的，这也是我辞职后六爸让我在家带孩子，而我坚持在精力允许的前提下开始经营自己小事业的原因。

当然，如果条件允许，并且自己在全职妈妈的道路上乐在其中，在家带孩子也是个不错的选择。

是做职场妈妈还是做全职妈妈，只不过是两种不同的生活方式而已，没有绝对的对错。我们需要引以为戒的是别以赚钱为借口忽视孩子，也别把老人的帮忙当成养育孩子的全部依靠。

该如何做父母是个说不完的话题，每个人心中都有自己的定义和标准，唯有爱是不变的核心。为人父母后，我们往往要为孩子放弃些什么，但这种“放弃”并不一定是事业，只是单身时那种绝对自由的状态。

孩子是我们一生的牵挂，也是我们最甜蜜的负担。就让我们用自己喜欢和习惯的方式，陪伴孩子走过铺满爱的童年吧。

附　录

罗罗亲子阅读书单

关于亲子阅读，我收到的留言大都集中在两个问题上，一个是“为什么我家孩子就不喜欢读书”，另一个则是“孩子应该读些什么样的书”。我花了很长时间来想这两个问题，后来发现其实它们可能讲的是同一件事情，那就是图书的适龄性。

适龄性就是图书的选择是否适合孩子的年龄特征。比如《朱家故事》是大师名作，很多孩子都喜欢，但是几个月的孩子肯定不喜欢，因为他们的理解能力有限，兴趣爱好不匹配。如果我们给小宝宝看色彩鲜艳、内容简单的绘本，他们明显会被吸引。

对于孩子的早期阅读，我们需要做的是引导和激发孩子的阅读兴趣。如果选错书会有什么坏处？答案是可能会让本来对阅读感兴趣的孩子变得不爱读书。这恐怕是我们最头疼的事情。

关于什么年龄适合读什么书，下面分享的是5年来我慢慢摸索出来的一些经验，供大家参考。

0～1岁选书原则：简单、重复

对于新生儿来说，这个时期适合看图片对比强烈、线条简单的书，不需要太多文字。

再大一点儿，比如3个月的孩子或者五六个月的孩子，可以开始看一些对视觉刺激、触觉刺激有帮助的书，这个年龄段的孩子免不了撕书、啃书，所以最好的选择就是布书、纸板书。

图片要尽可能简单，信息量也不要太大，因为孩子的耐心往往不够，看不懂就会烦躁。文字也要多重复，这样孩子对一本书才能更容易熟悉起来。

1～2岁选书原则：认知、趣味

这个年龄段的孩子虽然认知能力大大提升，但仍然是有限的。这个阶段给孩子选生活习惯、性格培养、情绪管理等方面的书特别好。孩子天生就喜欢卡通人物，喜欢模仿，所以类似小熊、小狗这种形象为主角的图书特别适合1～2岁的孩子，内容简单且重复较多，这样可以加深他们的印象。

为这个年龄段的孩子选书要注意篇幅长短，一般以十几页、二十几页为宜，内容太长孩子就会没有耐心。比如“小猪小象”系列，曾获苏斯博士金奖、3次凯迪克大奖、6次格莱美奖，内容简单，也很有趣，是非常好的书，但是这套书适合的年龄是3～6岁，因为每本书都比较厚，有50多页，差不多是普通绘本页数的2倍。那么即使它再好，如果给低龄的孩子看，也可能导致因为难以读下去而有挫败感。

2～3岁选书原则：情节、细节

这个年龄段的孩子已经具备初步的表达能力，阅读能力也有了较大提升。此时选择有情节的、可以调动孩子情绪的绘本非常好，另外可以选择信息量更大一点儿的图书，这样有利于锻炼孩子的观察力，促进孩子的理解和表达能力，促使孩子的想象力和语言能力突飞猛进。

这个年龄段的孩子自主性比较高，会要求自己选择读哪本书，也会要求反复读同一本书。我曾试过给六六读同一本书反复读了半个多小时，口干舌燥，可六六仍然没有想换书的意思。个人建议可以引导孩子换书，但不能强迫孩子，要尊重孩子的意愿。

3～6岁选书原则：内容、深入

这个年龄段的孩子理解能力大大提升了，篇幅稍长一些的、情节丰富的、内容诙谐的绘本都可以看了。此外，科学类、数学类等绘本也可以读了，不要担心孩子看不懂，他会给你惊喜的。比如罗拉·朗菲斯特的《跟着线走》，孩子在很小的时候估计看不明白，只会数数和认颜色，年龄大点儿就会发现乐趣，跟着线走，发现差异，认知事物。

0～1岁孩子绘本推荐（11本）

1.《我爸爸》《我妈妈》

〔英〕安东尼·布朗 著　余治莹 译

本书作者安东尼·布朗荣获2000年国际安徒生大奖。这本书是我和六六共读的第一本书，所以我列在了书单的第一位。虽然这套书并不是特别适合低幼儿的纸板书，陪六六读的时候她一上来就撕，但光是沉浸在不停重复“我爸爸”“我妈妈”这种称呼里的满足感，就值得我们一读再读。更何况，这本书真的很经典，也很有趣、很生动。此后几年中，我们重读了很多次，一直很喜欢。

2.《点点点》

〔法〕埃尔维·杜莱 著　蒲蒲兰 译

色彩教育是新手爸妈非常重视的事情。这套书主要运用了红、黄、蓝三原色，针对婴幼儿的视觉发育刺激需要，并以生动变化的方式来表现，简单明快，很适合小宝宝。

3.水墨宝宝视觉启蒙绘本

保冬妮 著

这是一套非常不错的视觉启蒙绘本，我个人特别喜欢。它和《点点点》异曲同工，区别在于这套书是水墨风，

4.《小蓝和小黄》

〔美〕李欧·李奥尼 著　彭懿 译

这本书也是讲色彩的。它用抽象的手法，以故事的形式来讲述爱与融合。

5.“猜猜我是谁”系列

〔美〕尼娜·兰登 著　张芳 译

这套书内容简单，一些情节重复出现。此外，它也符合孩子喜欢抠抠摸摸的特点。其中有好几本最后有小镜子，那会儿六六5个多月，每次翻到最后在小镜子里看到自己，马上咯咯笑起来。

6.“和小鸡球球一起玩”系列

〔日〕入山智 著 崔维燕 译

这套书用简单的故事来帮助孩子认识动物，用生活中的小情节来帮助孩子学礼貌等。我特别喜欢小鸡球球的形象和画风。除了这个系列，我在后面还推荐了“小鸡球球成长绘本”系列，这套书是纸板书，防撕，适合初期看书的小宝宝。

7.“小熊宝宝”系列

〔日〕佐佐木洋子 著 蒲蒲兰 译

这套书太有名了，无须过多介绍。它是一套关于孩子生活习惯、性格培养的系列书。小朋友们都非常喜欢，六六也不例外，我家里的这套书都翻烂了。

8.“小熊很忙”系列

〔英〕本吉·戴维斯 著 张昭 喻之晓 译

这套书是六六在4岁的时候读的，这是一套从婴儿期就能看、可以持续看很久的书。朋友家的孩子从几个月大开始看，现在2岁多了，还拿出来要求读。它的优点是可以让孩子动手，满足低龄孩子喜欢抠洞的特点。

9.《蹦！》

〔日〕松冈达英 著 蒲蒲兰 译

“beng”这个词对小朋友有特别的吸引力，绘本从头到尾重复这个发音，青蛙“beng”、猫咪“beng”，一边读，一边做动作，特别好玩。

10.《噗~噗~噗》

〔日〕谷川俊太郎 著 猿渡静子 译

六六6个多月时，我们开始共读这本书，只要我一发出“pu”的声音，她就会跟着念“pu—pu—pu”，并被深深吸引住，要求反复翻阅。

11.《抱抱》

〔英〕杰兹·阿波罗 著　上谊编辑部 译

这是一本讲述亲情的书，对于增加亲子互动来说是再好不过的一本书了。读一句，来一个抱抱，特别美好，特别温暖。

1～2岁孩子绘本推荐（14本）

12.“可爱的鼠小弟”系列

〔日〕中江嘉男 著　赵静 文纪子 译

隆重推荐这套书。这只小老鼠的故事是日本绘本史上不可逾越的巅峰。这套书放在这个年龄段阅读，是因为画风特别简单，一张空白纸上小小的鼠小弟，孩子的目光特别容易被吸引住。六六在3岁后还会要求读这套书，我感觉主要是因为它的故事特别有趣，简单重复，情节也适合孩子理解，独具匠心。

13.“阿波林的小世界”系列

〔法〕阿尔麦利·摩德利 狄迪尔·杜尔海森 著　许旭瑶 译

你真正理解儿童的世界吗？读懂孩子的天真和纯粹真的很重要，因为能让我们和孩子的相处更自如，这套书在很长一段时间里都是六六的睡前绘本。

14.“小鸡球球成长绘本”系列

〔日〕入山智 著　崔维燕 译

这套书的画风六六很喜欢。它的故事情节很有趣，其中有两册分别叫《捉迷藏》《找妈妈》，每次读给六六听时，她都会很开心地笑。

翻翻书是孩子早期阅读中不可或缺的，需要翻翻的设计能够吸引孩子去触碰，对于1岁左右的孩子来说，还能锻炼手指的灵活性。

15.“噼里啪啦”系列

〔日〕佐佐木洋子 著

这套书将生活常识、习惯培养等讲得很生动，也是一套翻翻书，很受家长和孩子欢迎。

16.“小猪佩奇”系列

英国快乐瓢虫出版公司 著　圣孙鹏 译

这个系列太有名了，小猪佩奇是家喻户晓的形象，我认识的小朋友里没有不喜欢的。其中《刷牙》《乔治感冒了》等故事用来引导孩子规范行为特别有效。

17.《晚安，大猩猩》

〔美〕佩吉·拉特曼 著　爱心树 译

这是百读不厌的睡前故事，温暖人心的不朽经典，凯迪克大奖获得者佩吉·拉特曼经典代表作。全书文字并不多，但幽默耐读、温情脉脉。

18.“开车出发”系列

〔日〕间濑直方 著　彭懿 周龙梅 译

这是一套以车为主题、男孩大爱的书，六六也很喜欢。书里有很多美丽的自然风景，作者也以描绘自然风景见长。书中是全景式风景，细节处勾勒得很好。更妙的是，不论从前往后读还是从后往前读，内容都有连续性。

19.《痛痛飞走了》

〔日〕平出卫 著　李丹 译

别小看这本书里简单的几句安慰孩子的话，带着孩子玩“痛痛飞”的游戏，孩子摔倒也不会哭得天昏地暗了，有莫名的治愈效果。

20.“聪明宝贝游戏认知书”系列

杨金秀　陈金娥 著

这是一套特别值得推荐的本土绘本，是立体书的鼻祖乐乐趣出品的。这套书既能考验孩子的动手能力，又能教会孩子关于颜色、形状等方面的认知。六六1岁多的时候，我们共读了这套书，看着她从什么都不会，到能将其中的卡片一丝不差地拼好，我感动得快哭了。

21.《年味儿》

保冬妮　于洪燕 著

这是一本击中读者内心情感的中国水墨绘本。中国彩墨、中国味道、中国情感、中国记忆完美地呈现在作品中，为孩子描述了中国最热烈的节日——春节前的景象。

22.《形状游戏》

〔英〕安东尼·布朗 著　宋珮 译

安东尼·布朗的书很多都是想都不用想就应该收入囊中的书，他的名字已成为全球绘本的“票房”保证。其作品屡见于各项童书大奖，而且本本脍炙人口。

23.《我喜欢书》

〔英〕安东尼·布朗 著　余治莹 译

英国《育婴世界》对本书的评价是：“大胆且用色丰富的绘图，这是一本富有想象力的童书。”在共读这本书时，我发现孩子的视角很奇怪，有时候我都没发现，六六却能在图画里找到隐藏的书。

24.《哭了》

〔日〕中川宏贵 著　蒲蒲兰 译

此书荣获第十届日本绘本大奖。故事非常简单，是讲各种原因导致的哭，作者却从不同角度来看待哭的问题。小时候我们想哭就哭，可是长大了就不常哭。长大，有时候也会失去很多东西。

25.“小蚂蚁怕烫”系列

〔日〕长谷川摄子等 著　小林 小熊 译

这是一套纸板书，日本大师级绘本作家的经典名作，创意独特。其中有一本是《小蚂蚁怕烫》，六六喜欢看蚂蚁搬家，我便给她读了这套绘本。在很长一段时间，六六遇到烫的东西都会远离，然后口齿不清地说：“小蚂蚁怕烫。”

2~3岁孩子绘本推荐（21本）

26.《动物绝对不应该穿衣服》

〔美〕茱蒂·巴瑞特 著　沙水玲 译

这本书看名字就很有趣，读起来更有趣，表面上是讲衣服，实际上是根据动物的不同类型来教孩子认知，最后再强调几句小朋友要穿衣服。

27.《好饿的毛毛虫》

〔美〕艾瑞·卡尔 著　郑明进 译

这本书太好了，建议每个家长都为孩子读一读。它通过一只小毛毛虫的故事，教给孩子时间、物品、数量等概念，最后毛毛虫化茧成蝶。

28.《猜猜我有多爱你》

〔爱尔兰〕山姆·麦克布雷尼 著　梅子涵 译

母子之间的爱有多少？可以用数量来衡量吗？我们都知道不能，可是小兔子会把手臂努力张开表达他的爱。大兔子也会告诉孩子，我对你的爱有很多很多，有些你能看到，也有些你可能看不到。

29.《棕色的熊，棕色的熊，你在看什么》

〔美〕艾瑞·卡尔 著　李坤珊 译

这是拼贴画大师艾瑞·卡尔的处女作，畅销全球40余年，是备受家长和老师推崇的阅读启蒙书。

30.《藏猫猫，藏猫猫》

〔日〕五味太郎 著　猿渡静子 译

藏猫猫是小朋友特喜欢的游戏，而这本书把藏猫猫讲得非常有意思。虽然故事有更深的道理，两三岁的孩子可能还读不懂，但是一说起藏猫猫，他们就会很开心。六六和她的朋友有时候会头碰头地围着看这本书。

31.《鳄鱼怕怕牙医怕怕》

〔日〕五味太郎 著　上谊编辑部 译

入选日本精选世界447本童书的《图画书——儿童书总解说》。这是一本帮助孩子学习生活经验的图书，讲的是鳄鱼和牙医之间的一场心理较量，用简单、反复的语句刻画了鳄鱼和牙医每时每刻戏剧性的心理变化。

32.《牙齿大街的新鲜事》

〔德〕鲁斯曼·安娜 著　王从兵 译

这是很多妈妈认可的绘本，因为读了这本书后，孩子都知道要保护牙齿了，所以说绘本真是好帮手。

33.《我的后面是谁呢》

〔日〕福田敏生　福田明子 著　猿渡静子 译

本书可用来教孩子认识动物、理解方位，书中一问一答的形式方便家长和孩子互动。据说这本书是日本皇室爱子公主喜爱的图画书。

34.《逃跑的煎饼》

〔荷〕卢克·库普曼斯 著　孙青昊 译

这是华德福教育机构推荐的一本书。我和六六特别喜欢，每次读这本书的时候，六六都会问："煎饼跑哪里去了呢？"

35.《爷爷一定有办法》

〔加〕菲比·吉尔曼 著　宋珮 译

我敢说，很多家长第一次读这本书时都没有看到书下方的老鼠家庭。这是一本特别温情的书，文字重复而富有节奏，图画则细腻地描绘出充满浓厚人情味的小镇和约瑟的家庭。

36.《鸭子骑车记》

〔美〕大卫·香农 著　彭懿 译

凯迪克大奖得主、《大卫，不可以》的作者大卫·香农代表作，这本书鼓励孩子勇敢尝试。

37.《阿立会穿裤子了》

〔日〕神泽利子 著　米雅 译

这本书真正把握住了儿童的心理特点。阿立会穿裤子了，一个平常得不能再平常的故事，但是其中蕴含的幽默能引起这一时期孩子的会心一笑。阿立穿不上裤子，跌了一跤又一跤；阿立光屁股出门，碰到一个又一个动物；阿立看到一个又一个动物炫耀屁股上的尾巴等。好的绘本就是这样，会用简单的故事告诉你很多道理。

38.《和甘伯伯去游河》

〔英〕约翰·伯宁罕 著　林良 译

本书获1970年凯特·格里纳威奖。作者构思的是一个非常单纯的故事，甘伯伯告诉大家不能做什么，可是后来大家都违反了规则，于是全都掉进河里了。甘伯伯并没有责备他们，反而邀请他们下次再来玩。

39.“车车认知大画书”系列

米吉卡 著

这套书没什么名气，我买的时候是因为要买工具车类的认知书，收到后发现是意外之喜。不同于一般工具书的生硬讲述，这本书温馨生动。比如《铲车棒棒棒》，通过讲故事的方法说明每种车都有自己的优点，不要妄自菲薄，更不用艳羡他人，做人其实也一样。

40.《罗伯生气了》

〔法〕米雷耶·阿隆索 著　戴露 译

这本书讲了一个关于生气的爸爸和儿子之间的故事。大人们的情绪往往会在不知不觉间影响孩子。面对父母的批评，孩子们应该怎样找到宣泄情绪的方式？亲子之间又该如何建立相互信任和彼此包容的默契？《罗伯生气了》就像一面镜子，映照出亲子关系中的问题和答案。

41.《我不愿意悲伤》

〔新西兰〕特蕾西·莫洛尼 著　萧萍 译

这是一本情绪管理的绘本，书中通过小兔子的故事讲述了这个年龄段的孩子所面临的各种情绪。画面精致美观，色彩非常具有感染力。

42.《我觉得自己很棒》

〔美〕科尼莉亚·莫德·斯佩尔曼 著 黄雪妍 译

这是一本情绪管理绘本，画风甚合我意。画面温馨，准确、传神地描绘了孩子的心理。我们只有了解孩子的情绪，才能更好地呵护他们长大。

43.《绿熊和红熊》

〔日〕入山智 著 蒲蒲兰 译

故事充满了爱、关怀和幸福，虽然是一套儿童绘本，但成年人同样会被感动。

44.《莎莉，离水远一点》

〔英〕约翰·伯宁罕 著 宋珮 译

也许很多父母都会自认为最了解自己的孩子，认为他们的一言一行、所思所想都在自己的掌握之中，但真的是那样吗？我和六六在共读这本书的时候，六六会准确地告诉我莎莉在干什么，可是我都没有发现，真的好惭愧。

45.《生气的亚瑟》

〔英〕希亚文·奥拉姆 著 柯倩华 译

这本书荣获第11届日本绘本奖特别奖。我们是在六六2岁的时候买的这本书，读这本书是想引导六六学会正确释放生气的情绪。这本书以巧妙的手法为孩子们描绘出难以捉摸和表达的情绪——生气，说明这种普遍的情绪经验对小孩的影响。

46.《大熊怎么办》

〔美〕苏珊·布鲁姆 著 余治莹 译

这是一本中英双语图画书，苏斯博士奖双语绘本，也是书单里我收录的唯一一本双语绘本。英语启蒙我并不是很有经验，推荐这套书是因为六六会反复地看，六爸便带着读，久而久之，她就会说书中的句子了。

3~6岁孩子绘本推荐（20本）

47.“小猪小象”系列

〔美〕莫·威廉斯 著 漪然 译

小猪和小象是早期绘本里经常出现的形象，这套书以小猪和小象为主角，讲述日常相处的细节很生动，简单明快。虽然六六会被吸引，但在她1岁多的时候，从来没有耐心地看完一本，直到快3岁的时候才能一次读完整本书。

48.《存起来的吻》

〔法〕米歇尔·盖伊 著 孙敏 译

上幼儿园之前或者孩子要离家生活时，不妨跟孩子一起读读这本书。让孩子知道，外面的世界很精彩，而妈妈的爱一直在守护他、陪伴他。

49.《100层的房子》

〔日〕岩井俊雄 著 肖潇 译

这是很有趣的一套书，我闲来无事的时候数了数，书中的房子真的画了100层呢。

50.《活了100万次的猫》

〔日〕佐野洋子 著 唐亚明 译

这是一本讨论生命意义的好书，道理很深奥。六六读的时候虽然不是特别懂，但还是很喜欢。

51.《小威向前冲》

〔英〕尼古拉斯·艾伦 著 李小强 译

这是一本性教育绘本，孩子很容易接受，但是对于大点儿的孩子来说，书中的解释就不够详细了。这套书的官方推荐年龄是3～6岁，但是文字有趣，画风简单，即便是一两岁甚至更小的宝宝都可以拿来阅读。

52.《学会爱自己》

〔美〕珊蒂·克雷文 著 刘敏 译

这是儿童安全教育图画书，教会孩子什么可以做，什么不可以做；教孩子勇敢地拒绝不当对待，学会愉快地接受自己和尊重别人。

53.《奥莉薇》

〔美〕伊恩·福尔克纳 著 郝广才 译

这是一本特别畅销的经典书。一只穿着红色裙子的小猪，像一个孩子那样闹腾、活力四射，总能让我们忍不住微笑。

54.《母鸡萝丝去散步》

〔英〕佩特·哈群斯 著 上谊编辑部 译

这本书讲的是母鸡和狐狸斗智斗勇的故事，非常经典。我们每一次读的时候，都会觉得特别诙谐。

55.《不一样的卡梅拉》

〔法〕克利斯提昂·约里波瓦 著 郑迪蔚 译

卡梅拉，不用说大家都知道，这是深受孩子们欢迎的一套书。因为太有趣了，孩子会一直要求读。

56.“斯凯瑞金色童书”系列

〔美〕理查德·斯凯瑞 著　李晓评 译

这是世界童书大师的经典之作，这个系列有很多本，可以根据自己的喜好来买，我们给六六读的是“斯凯瑞金色童书”（第一辑）。

57.《爱心树》

〔美〕谢尔·希尔弗斯坦 著　傅惟慈 译

这是世界绘本经典作品之一，讲述了一段耐人寻味的故事。大树给予一个男孩在成长中所需要的一切，把无私、博大的爱给予了小男孩，而自己却不图一丝一毫的回报。

58.《市场街最后一站》

〔美〕马特·德拉培尼亚 著　方素珍 译

历史上首部荣获“纽伯瑞金奖”“凯迪克银奖”双料大奖的绘本。故事以一个智慧长者和一个纯真儿童的不同视角去看这个世界，告诉我们既可以抱怨生活，也可以对生活充满感激，因为平凡的生活中美好无处不在。

59.《雪人》

〔英〕雷蒙·布力格 著

这是一本无字书，可以看图讲故事，激发孩子的想象力和表达能力。这类书很多，我尤其喜欢这本。这本书让我觉得孩子的想象力真的太神奇了，六六能通过书中的细节说出很多我想象不到的内容来。

60.《朱家故事》

〔英〕安东尼·布朗 著　柯倩华 译

妈妈也是人，妈妈也会累。为家庭日夜操劳的妈妈，有时候却并不被人理解。有一天，妈妈生气了，留下字条“你们是猪”后离家出走，父子三人在忙乱不堪的生活中，终于发现了妈妈的重要性。这本书的内容很深刻，教大家学会互相体谅，更懂得怎样去爱。

61.《小怪兽》

〔英〕昆廷·布莱克 著 方素珍 译

国际绘本大师昆廷·布莱克最温情的图画书代表作，其实我们每个家庭都有这样一个小怪兽，书中呈现出孩子的成长心理，读后令人感慨，想笑又想哭。

62.《跟着线走》

〔美〕罗拉·朗菲斯特 著 蒲蒲兰 译

这是一本很出色的数学启蒙书，我非常喜欢，它并不是简单教孩子数数，还有找不同等其他玩法。

63.《中国记忆·传统节日》

王早早 著

个人认为，这套书算是本土原创绘本中讲节日讲得最好的一套。这类书我买了很多，但这套书是我们全家人最喜欢翻阅的，因为内容记得住，有意思，六六甚至会唱书中一些关于节日的童谣。

64.《嘘》

〔韩〕金春孝 著 吴剑荣 译

妈妈生病了，爸爸很忙，不要打扰他们。她本来打算做个懂事的乖孩子，可还是忍不住和各种动物玩儿起来了。这是一本很温情的书，我和六六很喜欢。后来在一些需要安静的情境下，六六都学会了“嘘”。

65.《是谁嗯嗯在我的头上》

〔德〕维尔纳·霍尔茨瓦特 著　方素珍 译

本书画家沃尔夫·埃布鲁赫荣获2006年国际安徒生大奖。当知道“嗯嗯”是指大便的时候，六六笑得前俯后仰。据了解，身边的小朋友们都特别喜欢此书，由此可见这本书的魔力。

66.《好朋友》

〔德〕赫姆·海恩 著　王真心 译

小猪波波、小老鼠强强和公鸡咕咕是好朋友，它们认为好朋友是永远不分开的。此书还告诉孩子要大胆表达自己的想法，能帮助孩子更好地理解他人，融入集体。

当然，每个人都有自己的阅读喜好，这份书单基本上是获过奖或者特别经典的书，虽然我挑得很谨慎，但毕竟只是我和六六所喜欢的，不一定适合所有人，就像有些知名图书也未必能让我认可。

图画书的门类有很多，故事类、认知类、科普类，以及流行主题类等，每个孩子的喜好也不一样，比如男孩们爱不释手的“托马斯”系列，六六从来就不感兴趣。

虽然现在倡导读书要有多样性，要选各种各样的书给孩子读，比如不能只读故事类的，还要读自然科学类的，但我还是觉得应该针对孩子的性格特点来选书，培养兴趣比遵守多样化阅读原则更重要。

我们和孩子一起读感兴趣的书、适合自己的书、经典的书，孩子就可以在阅读的过程中成长为一位有见识、有气质、有独立判断力的人。

罗罗的育儿书单

很多朋友让我推荐一些可读的书。我在青春时代，读书全凭兴趣爱好，可自打当妈后，我看的书就不由自主地偏向育儿类。以下是我根据自己的阅读体验慎重挑选的一些有较高参考价值的育儿图书，推荐给大家。

1.《美国儿科学会育儿百科》

〔美〕斯蒂文·谢尔弗 主编　陈铭宇、周莉、池丽叶等 译

这本书是美国最有名、最权威的育儿宝典，其中的专业知识都来自美国儿科学会（AAP）。到目前为止，我写科普文章时都会参考它。

美国儿科学会是一个由62000名儿科专科医生、儿科次专科医生、初级护理医生等构成的健康机构，拥有科学全面、紧跟时代的信息，也是全世界最有影响力的儿科研究学会。这本书的主编谢尔弗在2002年被美国儿科学会授予教育的终身成就奖。

再来说说这本书，它囊括了婴儿喂养、家庭护理、生长发育、儿童常见疾病的知识，非常全面，知识点也在随着最新的研究而更新。语言简洁易懂，章节层次清楚，查找内容非常方便。

2.《西尔斯亲密育儿百科》

〔美〕威廉·西尔斯　玛莎·西尔斯 著　邵燕美 译

西尔斯博士根据自己的儿科临床实践，以及和妻子玛莎共同抚养8个孩子的经验，结合发展心理学的亲密理论，总结出一套“亲密育儿法”。

我喜欢这本书的原因也在于我认可“亲密育儿法”。西尔斯强调，在孩子的养育过程当中，父母与孩子之间建立起亲密的关系比所谓的正确技巧更为重要。

《美国儿科学会育儿百科》主要是科普知识，《西尔斯亲密育儿百科》则更多讲述了如何通过孩子的行为来了解他、引导他。此外，《美国儿科学会育儿百科》综合了美国儿科相关研究，而《西尔斯亲密育儿百科》是以作者本人经验为主，相对更有亲和力，但也有少量内容是有争议的或者需要更新的。

《西尔斯亲密育儿百科》容易被新手妈妈误读，她们常常认为“亲密育儿”就是无条件满足孩子的需求，从而彻底不在乎自己的感受。事实上，西尔斯的本意并非如此。妈妈与孩子的需求同样重要，这本书只是提醒我们更多地关注真实的孩子，多倾听孩子，多拥抱孩子，多与孩子进行亲密交流，但亲密不等于完全无条件和无界限，这一点一定需要明白。

3.《崔玉涛图解家庭育儿》

崔玉涛 著

这套书有着较高的参考价值，内容从小儿发热到生长发育等，无所不包，全套共8册。最重要的是，这套书因为配了彩图，阅读起来比纯文字的书要轻松许多。

这套书主要收录的是崔玉涛前几年的微博内容，因此有些知识点有待更新。如果你看书时有疑惑，可以跟其他最新出版的育儿科普书进行对照。

4.《捕捉儿童敏感期》

孙瑞雪 著

很多家长都觉得孩子长大后有很多行为不可理喻，总在无理取闹。其实，孩子的某些独特行为甚至固执行为，比如护东西、打人、说谎、执拗等，都是由于敏感期造成的。

看了这本书，相信爸爸妈妈们会更了解孩子，在他做出你不理解的事情的时候，你就不再那么生气地阻止他或者打骂他，最起码我们能知道原因，也会因此而懂得尊重孩子。

敏感期的概念来自蒙台梭利的理论体系，不过目前敏感期这个词已经有些被滥用，任何事情都会被套上敏感期的说法，让新手父母们无比焦虑，总担心可能过了某个敏感期就无法回头再学会了，事实上并没有这么严重。孩子真正的敏感期往往会延续一段时间，有的甚至长达几年，我们只需要去了解和尊重孩子的发展规律即可，无须过于紧张。

5.“你的N岁孩子”系列

〔美〕路易斯·埃姆斯 弗兰西斯·伊尔克 著 崔运帷 译

这套书是耶鲁大学40年的研究成果，根据数千位孩子的真实成长跟踪记录。孩子在不同的年龄有着不同的发展规律，很多看上去是捣乱行为或惹人生气的行为，却是孩子在这一阶段正常的事件，也具有普遍性。了解之后，你自然会放松很多。

这套书是针对1～14岁孩子的，我买了1～3岁的，觉得还是很有帮助的，因为很多育儿问题都能在书中得到解答，建议大家根据孩子的年龄来购买。

这套书读起来相对比较轻松，也可以推荐给老人看。但如果要了解更多有关0～3岁孩子早期发展的知识，建议看下面这本《从出生到3岁》，内容更严谨。

6.《从出生到3岁》

〔美〕伯顿·怀特 著　宋苗 译

这是我还在怀孕的时候就在看的一本书，也是我看的第一本育儿书，书中有一段话很打动我："没有任何问题比人的素质问题更加重要，而一个孩子出生后头3年的经历对于其基本人格的形成有着无可替代的影响。"

我对书中关于孩子反射式的感觉、运动能力训练非常感兴趣，六六出生后，我就按照其中的建议来引导她趴着、抬头、翻身等，这本书的确给了我不少的育儿指导。

一个孩子出生后头3年的早期教育是非常重要的，这本书将0～3岁分成7个阶段，并对婴幼儿在每一个阶段的发展特点和父母应该怎么做进行了详细的介绍。

总体来说，这是一本很专业的育儿书。虽然它看上去可能不那么轻松有趣，甚至有些难懂，但还是推荐爱好科普的爸爸妈妈看这本书，真的很有帮助。

7.《正面管教》

〔美〕简·尼尔森 著　玉冰 译

孩子不听话怎么办？打？骂？肯定是不对的，可是讲道理他又不听，该怎么办？这是很多家长纠结的问题。这本书告诉我们，教育孩子除了打骂还有很多其他办法。

正面管教强调不惩罚、不骄纵地管教孩子，用温柔与坚定的育儿态度，注重解决办法；强调家长应站在孩子的角度去感受，然后帮助孩子解决问题，书中有很多简单实用的教育方法值得我们学习。

书中还倡导一个理念就是让家长学会反思孩子出现问题的根源。孩子犯错误的时候，先想想孩子为什么犯错误，家长自己有没有做得不好的地方。

8.《游戏力》

〔美〕劳伦斯·科恩 著　李岩 译

怎么和孩子玩游戏，其实也是一门学问，这本书提倡保护孩子的想象力，在这个基础上引导家长跟孩子沟通和游戏。

我们一直在强调有效陪伴，那怎么和孩子沟通呢？游戏或许就是最好的办法。游戏为我们带来欢笑，帮助孩子表达情绪，随时随地激活孩子天性中的合作精神和勇气。

这本书的好处在于，它不但教会我们怎么和孩子玩，还提醒我们怎样在正确的时间正确地玩。通过正统的方式无法跟孩子交流的时候，可以换个游戏思维来试试看。比如孩子不爱刷牙，与其强迫孩子刷，不如跟孩子愉快地说一句：“我们一起来玩儿河马牙医的游戏吧！”

9.《发展心理学　从生命早期到青春期》

〔美〕黛安娜·帕帕拉著　李西营等 译

这是我看过的第一本儿童心理学书籍，很多人向我推荐过，他们推荐时都称，如果只读一本儿童心理学的书，那就是这本了。

这本书全面系统地介绍了人类心理发展进程以及各个阶段的特点，也重点介绍了儿童、青少年时期的发展状况。

但是它的语言并不好懂，只有真的有兴趣、想钻研的人才能看得下去。最开始看这本书的时候，我也很头疼，看久后才慢慢发现好像能读懂一些了。其实学术类的书籍都难免这样，理论性强，可读性会差一点儿，但咱们不就是为了把它们当作工具书才看的吗？

10.《实用程序育儿法》

〔美〕特蕾西·霍格著　张雪兰 译

此书作者是世界闻名的实战型育儿专家特蕾西·霍格，她以“宝宝耳语专家”享誉全球，多年中她深入数千名宝宝的家里，解决宝宝和妈妈面临的日常难题。

她倡导从宝宝的角度考虑问题，要观察、尊重宝宝，和宝宝沟通——即使宝宝还不会说话。比如说，即使你第一次见到一个刚出生的宝宝，也要先跟他打招呼、自我介绍之后再去抱他。或者说，你想帮宝宝换尿布的时候，建议你先跟宝宝说一句，再抬起他的腿。

这本书详细介绍了0～3岁宝宝的喂养、睡眠、情感、教育等各种问题的有效解决方法。对我影响比较深的是，它详细说明了规律作息和睡眠问题的重要性。整本书理论不多，且有相当多的操作实例辅以说明。对于新手妈妈或者睡眠不好的宝宝来说，还是很有借鉴意义的。

11.“人生三书”：《亲爱的安德烈》《孩子你慢慢来》《目送》

龙应台　著

严格说来这套书不是育儿类的指导书，却是我很喜欢的一套书，总是带在身边，时不时就翻出来看看。

书中关于孩子的成长，以及母亲在孩子成长的不同阶段的思考，都很触动我。从容、耐心地面对孩子的成长，真心陪伴孩子，这样的育儿理念在当下社会显得尤其珍贵。按照这一理念来减少对孩子过多、过高的要求，陪伴他一起看蚂蚁、捡树叶、抓蝴蝶，相信会成为孩子心里最温暖的记忆。

以上这些推荐，都是我个人认为比较值得分享的。育儿理论的流派众多，育儿又无定法，我喜欢的这些书当然不可能符合每个人的养育理念。

每个孩子都是独特的，他们的独特性注定了我们无法采用完全一致的方法去养育他们，只能通过观察与寻找，摸索出最适合自己家孩子的方法。

此外，每一本书都有自己的优缺点，没有绝对的完美（即使是《美国儿科学会育儿百科》这种权威著作也在不断修正），所以在看的时候吸收它的益处就好。尽信书不如无书，看书的目的是培养自己独立思考的能力。即便我们发现孩子的行为特征都如书中所讲，也仍然需要我们根据每个孩子的情况去调整解决办法。

别忘了，我们看书不是为了养育出一个完美的孩子，而是为了在育儿路上少走一些不必要的弯路。所以，尊重孩子犯的错，也接纳自己的缺憾。

让我们都放松下来，花时间读书、体验、感受，用更靠谱的知识、更从容的心态去养育我们独一无二的孩子。